Liebe Heimat

Wo das Herz zu Hause ist

Ausgewählt und zusammengestellt
von Ilka Osenberg-van Vugt

Inhalt

Heimat ist kein Ort, Heimat ist ein Gefühl!

Herbert Grönemeyer

EINFÜHRUNG

Kochbücher mit Rezepten aus der Heimat haben Hochkonjunktur. Der Tourismus im Inland boomt – nicht erst seit Corona-Zeiten. Mit klangvollen Eigenmarken wie „Aus Liebe zur Heimat" werben Supermarktketten für heimische Produkte.

Seit einiger Zeit erfährt Heimat eine Renaissance. Für Psychologen und Trendforscher ist das kein Zufall. Je komplexer und unsicherer unsere globalisierte Welt wird, umso mehr sehnen wir uns nach Orientierung, Sicherheit und Geborgenheit – nach „Beheimatung".

Dabei war und ist es nicht immer leicht, von Heimat zu sprechen. Zu ungenau und unklar ist, was Heimat genau bedeutet. Gerade diese begriffliche Unbestimmtheit führt dazu, dass Heimat als vielfache Projektionsfläche dient. Lange Jahre galt das Wort durch seine Verwendung im Nationalsozialismus und zu Zeiten der DDR als ideologisch vorbelastet.

Die ursprüngliche Bedeutung war dagegen sachlich und meinte ein Wohnrecht mit Schlafstelle im Haus. Eine rein juristische Bezeichnung, nämlich dafür, in welcher Gemeinde man beheimatet war, um daraus ein Aufenthalts- oder Bleiberecht abzuleiten. Eine Art Fachbegriff des Meldewesens aus dem 19. Jahrhundert, wo man Bürger der Gemeinde blieb, in der man geboren war. Über die Jahrzehnte erfuhr der Heimatbegriff immer wieder eine Wandlung. Bis heute wird er gern politisiert und im Diskurs auch als Markierung einer Trennung zwischen dem Eigenen und dem Fremden verwendet.

Das eine ist jedoch der Begriff, das andere das Gefühl. Und die Frage stellt sich: Wie denken die Menschen darüber? Was verstehen wir unter Heimat? Wie wichtig ist es für uns, eine Heimat zu haben? In der *Vermächtnis-Studie* von ZEIT, infas und WZB wird der Heimatbegriff 2019 empirisch so umfassend untersucht wie nie zuvor. Dabei stellt sich heraus, dass für 89 Prozent der Befragten Heimat eine sehr große Bedeutung hat. Und vor allem: dass für die meisten Menschen Heimat etwas Verbindendes, nicht Trennendes ist.

Genau darum geht es auch den ausgewählten Autorinnen und Autoren in diesem Buch. Sie erzählen vom Glück, eine Heimat zu haben, oder der Sehnsucht, sie endlich zu finden. Für manche ist Heimat ein Ort oder eine Herkunft. Für andere liegt sie in der Kindheit oder im Schatz der Erinnerungen verborgen. Der Wunsch nach Sicherheit und Geborgenheit in einer unsicheren Welt lässt viele ihre Heimat bei Familie und Freunden sehen. Ein anderer braucht nur in einen Apfel zu beißen, und schon ist die Heimat für ihn gegenwärtig. Manchmal muss man seine Heimat aber auch erst verlassen, um zu spüren, was Heimat bedeutet.

Heimat ist alles, was der Mensch zum Leben braucht. Geborgenheit, Urvertrauen, Wärme, Nähe. „Heimat ist der Moment, in dem man aufhört zu rennen. Es ist der Augenblick, in dem man innehält und spürt: Hier will ich sein." (Britta Baas).

Was ist Heimat ?

MEHR ALS EIN FLECK UMGRENZTER ERDE

ENTDECKUNG

Am Tage, da ich meinen Pass verlor,
entdeckte ich mit achtundfünfzig Jahren,
dass man mit seiner Heimat mehr verliert als
einen Fleck umgrenzter Erde.

Stefan Zweig

WOHER KOMMST DU?

Lu Chi saß mit seinen Schülern beim Essen, und sie unterhielten sich darüber, wo sie herkamen. Ein Schüler sagte: Meine Heimat ist das Laffi-Gebirge. Immer sehne ich mich nach seinen glitzernden, schneebedeckten Bergen. Ein anderer sagte: Meine Heimat ist die Ebene von Thun. Nur dort ist das Gras so zart wie Seide, und die gelben Margeriten duften den ganzen Sommer. Ein dritter sagte: Meine Heimat ist das Oari-Meer. An seinem Ufer bin ich aufgewachsen und immer verzehre ich mich nach dem Schrei der Möwen und dieser Weite bis zum Horizont.

Und du, Meister?, wurde Lu Chi gefragt, woher kommst du?

Wenn ich das wüsste, erwiderte Lu Chi. Bisher weiß ich nur, dass ich ein Staubkorn im Universum bin, das auf der Erde gelandet ist und mit ihr kreist.

Doris Bewernitz

Es war einmal ein kleines Mädchen, das hatte weder Vater noch Mutter. Die waren ihm irgendwie abhandengekommen. So lief es also allein durch die Straßen und Gassen, und wenn es etwas zu Essen fand, freute es sich. Und wenn es ein warmes Plätzchen zum Schlafen fand, freute es sich noch mehr.

Oft traf das kleine Mädchen bei seinem Herumlaufen auf andere Menschen, die auch durch die Straßen und Gassen gingen, sich bisweilen kannten, miteinander sprachen, sich begrüßten und verabschiedeten. Und wenn sie sich verabschiedeten, sagten sie oft zueinander: „Komm gut nach Hause."

„Ja, du auch, komm du auch gut nach Hause."

Das Mädchen hörte diese Worte immer wieder. Und so blieb nicht aus, dass es sich irgendwann fragte, was damit denn wohl gemeint sein könnte.

Das wollte es gerne herausfinden. Also fragte es einen alten Mann, der gerade vorbeiging: „Alter Mann, kannst du mir sagen, was zu Hause ist?"

Der Alte sagte: „Wo es Brot gibt, dort ist zu Hause."

„Aha", sagte das Mädchen. „Danke."

Aber nach einer Weile dachte es bei sich: „Merkwürdig. Wo es Brot gibt, das ist doch der Bäcker."

Also fragte es weiter. Den einen oder anderen. Wie es sich gerade ergab.

Eine Frau sagte: „Wo einer sagt: Komm rein. Das ist zu Hause."

Ein Kind sagte: „Wo man ein Bett hat, dort ist zu Hause."

Ein Greis sagte: „Vier Wände und ein Dach überm Kopf."

Andere: „Wo es einen Stuhl und einen Tisch gibt. Und auf dem Tisch steht abends die Suppe."

„Wo es gemütlich ist."

„Wo man eine Kerze anzündet."

„Wo einer sagt: Schön, dass du da bist."

Ein Mann war dem Mädchen etwas unheimlich. Und so klein war das Mädchen nun auch wieder nicht, dass es mitgegangen wäre mit einem, der ihm unheimlich war. Also sagte es: „Nein, das will ich nicht." Und ging weiter.

Eine Weile fragte es nun niemanden mehr. Stattdessen dachte es über die vielen Antworten nach, die es bekommen hatte, wurde aber nicht recht schlau aus ihnen.

Schließlich sagte es zu sich selbst: „Einen einzigen Menschen will ich noch fragen, und wenn ich es dann immer noch nicht verstehe, dann will ich nicht länger darüber nachdenken."

Inzwischen war es Winter geworden. Die Bürgersteige hatten eine dünne Eishaut, der Wind blies kalt und unbarmherzig durch die Straßen und trieb ein paar glitzernde Flocken vor sich her. Das kleine Mädchen hatte sich so gut es ging in seinen Pullover gekuschelt und sich vor der Kälte in einem Hausvorsprung verkrochen, nahe einer Tür.

Da kam eine dicke Frau die Straße herunter, die trug einen weißen Wollmantel, rechts und links zwei große Einkaufstaschen und auf dem Kopf eine riesige Pudelmütze mit Norwegermuster. Die Mütze war so groß, dass es von Weitem schien, als hätte die Frau auf dem Kopf noch einen Kopf. Da musste das Mädchen lachen, denn die Frau sah ein bisschen wie ein freundlicher, dicker Schneemann aus.

Die will ich fragen, dachte es.

Und als die Frau herangekommen war, sagte das Mädchen: „Guten Tag, Frau, kannst du mir sagen, was zu Hause ist?"

Da lächelte die Frau, klopfte sich umständlich den Schnee vom Mantel und nickte zufrieden. Sie holte einen Schlüssel aus der Tasche, schloss die Haustür auf und sagte: „Komm rein!"

Das Mädchen ging hinter ihr her. Sie stiegen eine hölzerne Treppe hinauf und kamen in eine Wohnung, die hatte vier Wände und ein Dach. Und in der Küche standen ein Stuhl und ein Tisch, und auf dem Tisch stand ein Topf mit Erbsensuppe.

„Ich mache uns mal die Suppe warm", sagte die Frau. „Setz dich doch. Möchtest du auch ein Stück Brot?"

„Gern", sagte das Mädchen.

Die Frau stellte den Topf auf den Herd. Bald begann es in der Küche herrlich zu duften. Die Frau schnitt das Brot, zündete eine Kerze und es wurde immer gemütlicher.

„Schön, dass du da bist", sagte die Frau, als sie aßen. „Und wenn du möchtest, im kleinen Zimmer gibt es ein Bett, dort kannst du schlafen."

„Ja, gern", sagte das Mädchen, sah ihr in die Augen, dachte an die vielen Antworten der fremden Menschen, die es bekommen hatte, freute sich, dass es sie nun verstand, lächelte und steckte sich einen Löffel Erbsensuppe in den Mund.

Doris Bewernitz

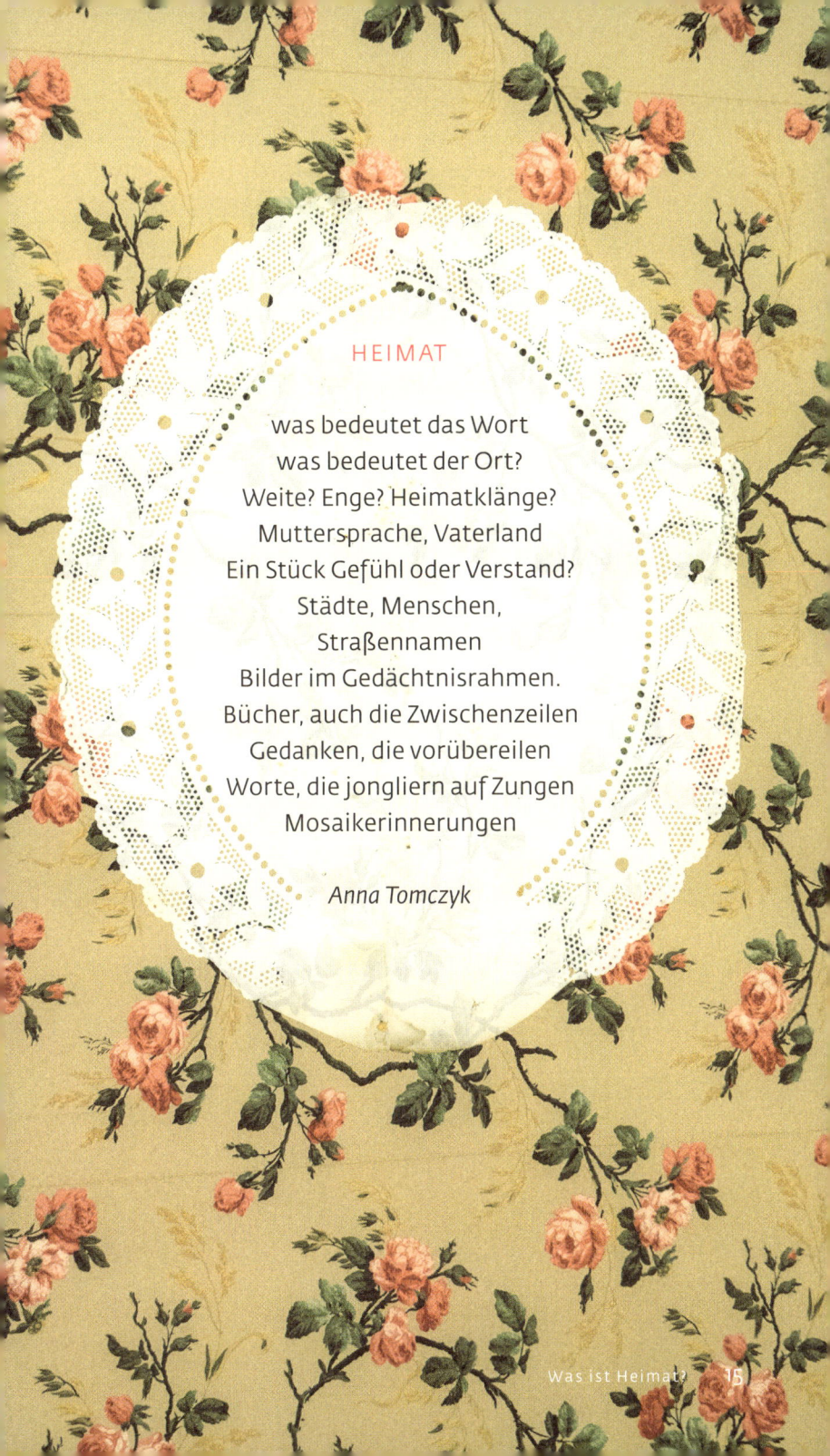

HEIMAT

was bedeutet das Wort
was bedeutet der Ort?
Weite? Enge? Heimatklänge?
Muttersprache, Vaterland
Ein Stück Gefühl oder Verstand?
Städte, Menschen,
Straßennamen
Bilder im Gedächtnisrahmen.
Bücher, auch die Zwischenzeilen
Gedanken, die vorübereilen
Worte, die jongliern auf Zungen
Mosaikerinnerungen

Anna Tomczyk

SUCHE NACH GEBORGENHEIT

Je mobiler der Mensch durch die globalisierte Welt jetten muss, je unübersichtlicher und unsicherer seine Lebens- und Arbeitsräume werden, desto mehr sucht er Nähe und Geborgenheit auf der Parzelle. Die Jungen zieht es wieder ins Grüne. Schrebergärten sind schick. Gin Fizz und Jägermeister zum Sonnenuntergang. Prosit über den Gartenzaun. Die Stammkneipen heißen nicht mehr „Abseits" oder „Exil", sondern „Heimweh" und „Zum goldenen Hirschen". Sonntags gibt es dort „Sauerbraten klassisch", und der Tisch wird „wie bei Mutti gedeckt". Versprochen.

Doris Weber

HEIMAT IST ORT

Heimat ist Ort,
Mensch und Wort,
Laut und Raum,
Liebe, Vertraun.

Von dort ziehn wir aus,
kehren dorthin zurück.
Heimat ist
Friede, Geborgenheit, Glück.

Claudia Binzberger

SICHTWEISE

Der Floh im Haar hat es kapiert:
Er ist gern dort, wo man frisiert.
Was soll er in der Fremde zechen?
Im Nacken gibt es was zu stechen.

Die Robbe taucht in rauer See,
die Welle ist ihr Kanapee.
Fragt man sie nach der Heimat Ziel,
so sagt sie gern: Ich bin mobil.

Der Storch fliegt um die halbe Welt.
Erstaunlich, dass ihm das gefällt!
Und fragt man ihn: Wo bist du gern?
Die Heimat ist mein Erdenstern.

Der Hund, er streckt sich lang und quer
auf einer Decke hin und her.
Und täglich kriegt er Chappi fit.
Gefühlte Heimat – satt und sitt.

Der Mensch, jetzt wird es kompliziert,
hat dies und jenes ausprobiert.
Gefühl und manchmal der Verstand
meint: Hier ist das gelobte Land.

Doch wenn der Floh im Nacken sticht,
dann ändert sich manchmal die Sicht.

Thomas Knodel

Heimat ist nicht nur ein Wort
Heimat das bist du und ich
Heimat ist nicht nur ein Ort
Heimat die ist innerlich

Heimat ist stets wo ich bin
Schlägt in meinem Herzen
Heimat ist des Leben's Sinn
Nicht ein Land mit Grenzen

Heimat ist woher ich kam
Und wohin ich gehe
Heimat ist nicht fern noch nah
Heimat heißt ich lebe

Heimat ist ganz einfach Leben
Grenzenlos und unbeschwert
Ist der inner'n Stimme Beben
Das Gewissen das man hört

Seele ist die Heimat allen Lebens
Dieses sag' ich unumwunden
Alles Suchen ist vergebens
Hat man Heimat nicht in sich gefunden

Robert Kroiß

ANGEKOMMEN

Heimat ist der Moment,
in dem man aufhört
zu rennen. Es ist der Augenblick,
in dem man innehält und spürt:
Hier will ich sein.

Britta Baas

Heimat ist ein Ort

AUF DIESEM HÜGEL
ÜBERSEH ICH MEINE WELT!

AUF DIESEM HÜGEL ÜBERSEH ICH MEINE WELT!

Auf diesem Hügel überseh ich meine Welt!
Hinab ins Tal, mit Rasen sanft begleitet,
Vom Weg durchzogen, der hinüber leitet,
Das weiße Haus inmitten aufgestellt,
Was ist's, worin sich hier der Sinn gefällt?

Auf diesem Hügel überseh ich meine Welt!
Erstieg ich auch der Länder steilste Höhen,
Von wo ich könnt die Schiffe fahren sehen
Und Städte fern und nah von Bergen stolz umstellt,
Nichts ist's, was mir den Blick gefesselt hält.

Auf diesem Hügel überseh ich meine Welt!
Und könnt ich Paradiese überschauen,
Ich sehnte mich zurück nach jenen Auen,
Wo deines Daches Zinne meinem Blick sich stellt,
Denn der allein umgrenzet meine Welt.

Bettina von Arnim

IST'S DIE SCHOLLE?

Was ist die Heimat? Ist's die Scholle?
Drauf deines Vaters Haus gebaut?
Ist's jener Ort, wo du die Sonne,
Das Licht der Welt zuerst geschaut?

O nein, o nein, das ist sie nimmer!
Nicht ist's die Heimat, heißgeliebt.
Du wirst nur da die Heimat finden,
Wo's gleichgestimmte Herzen gibt!

Die Heimat ist, wo man dich gerne
Erscheinen, ungern wandern sieht.
Sie ist's, ob auch in weiter Ferne
Die Mutter sang dein Wiegenlied.

Emil Rittershaus

ICH LIEBE DICH

Deine verschlafene Wärme
Der Wind über den Giebeln
Deine verwaschenen Stimmen
Das Muhen der Kühe bei Nacht
Dein liebevolles Ruhen in der Weite
Das Blühen der Wiesen
Deine Feste und ihr Lachen
Das tägliche Klingen der Glocken
Deine unfassbaren Geheimnisse
Das Heimkehrgefühl beim Ankommen

Ich liebe dich, mein Dorf

Cornelia Elke Schray

DIE STADT

Am grauen Strand, am grauen Meer
Und seitab liegt die Stadt;
Der Nebel drückt die Dächer schwer,
Und durch die Stille braust das Meer
Eintönig um die Stadt.

Es rauscht kein Wald, es schlägt im Mai
Kein Vogel ohne Unterlass;
Die Wandergans mit hartem Schrei
Nur fliegt in Herbstesnacht vorbei,
Am Strande weht das Gras.

Doch hängt mein ganzes Herz an dir,
Du graue Stadt am Meer;
Der Jugend Zauber für und für
Ruht lächelnd doch auf dir, auf dir,
Du graue Stadt am Meer.

Theodor Storm

IN DER GANZEN WELT KANN MAN NICHT ZU HAUSE SEIN

In der ganzen Welt kann man nicht zu Hause sein. Dazu ist sie zu groß, und wir sind zu klein. Man kann an der Enge einer Heimat leiden, und man kann im Gegenteil daran leiden, dass unser Auge nirgends einen Halt findet. Wie aber baut man sich ein Haus im großen Weltenhaus?

Fulbert Steffensky

DER ARCHITEKT

Heimat planen ist sein Beruf. Vier Wände um ein Stück Luft, ein Stück Luft sich mit steinerner Kralle aus allem, was wächst und wabert, herausreißen und dingfest machen. Heimat. Ein Haus, die dritte Haut, nach der Haut aus Fleisch und der Kleidung. Heimstatt. Ein Haus maßschneidern nach den Bedürfnissen seines Herrn. Essen, Kochen, Schlafen, Baden, Scheißen, Kinder, Gäste, Auto, Garten. Ob all das – oder das und das nicht, umrechnen in Holz, Stein, Glas, Stroh und Eisen. Dem Leben Richtungen geben, den Gängen Boden unter den Füßen, den Augen einen Blick, der Stille Türen.

Jenny Erpenbeck

KLEINE KINDER SPIELEN GERN AUF FLÄCHEN

Kleine Kinder spielen gern auf Flächen, deren Grenzen erkennbar sind, auf einem Teppich, unter einem Tisch, auf einer Decke, die auf dem Boden ausgebreitet ist. Die Welt des Zimmers scheint ihnen zu groß, sie suchen Grenzen und Begrenzungen, sie suchen ein Häuschen im Haus. Sie suchen sich ihren Raum, sie suchen sich Heimat. So lehren uns die Kinder: Wir sind zu klein, um in der puren Grenzenlosigkeit zu leben. Wir sind keine Riesen, wir brauchen Menschenmaße.

Fulbert Steffensky

MEINLAND

Hier ist mein Zimmerland,
bis jetzt mein Immerland,
mein Himmelblauland,
mein Regengrauland,
mein Irgendwieland,
mein Fantasieland,
Kleinabermeinland,
mein Kommdochreinland,
mein Land ist dein Land.

Frantz Wittkamp

DER SCHLÜSSEL

Ich gehe durch die Stadt. Es ist Nacht. Mein Schlüssel klimpert in der Jackentasche. Die Stadt ist groß. Ich gehe seit Stunden. Anderswo mag es nachts ruhig sein, hier nicht. Diese Stadt schläft nie. Heute Nacht begegne ich vielen Schlüssellosen. Die Hände tief in den Mänteln vergraben. Es ist kalt. Ich schäme mich ein wenig, dass ich wie sie um die Häuser ziehe, den dunklen Atem der Großstadt im Bauch. Ein Blick aus müden Augen streift den meinen. Ein Rücken lehnt an der Wand. Eine weiße Atemwolke. Das Aufblitzen eines Feuerzeuges. Ein Schlafender in einer Bushaltestelle. Sechsmal werde ich um eine Zigarette gebeten, fünfmal um Feuer, zweimal nach der Uhrzeit gefragt und dreimal nach dem Weg. Wer in dieser eisigen Nacht durch die Großstadt läuft, ist allein. Wer in dieser Nacht unterwegs ist, weiß nicht, wohin mit sich.

Ich stecke meine Hand in die Jackentasche. Ein kleines Stück Metall. Es zeigt an, dass ich privilegiert bin. Ich habe nichts dazu getan, dass ich in diesem Land geboren wurde. Dass ich zur Schule gehen konnte. Dass ich berechtigt bin, einen Arzt aufzusuchen, wenn ich einen brauche. Mich frei bewegen kann. Sicher bin. Satt werde. Dass ich nicht um Asyl bitten muss. Weit nach Mitternacht kehre ich um. Ich habe eine Richtung. Mir ist das Glück beschieden, zu wissen, wohin ich meinen müden Körper legen kann. Ich biege in eine Straße ein, die mir vertraut ist. Bleibe vor einem Haus stehen. Hole den Schlüssel aus der Tasche. Schließe die Haustür auf. Steige drei Treppen hinauf. Stehe vor einer Wohnungstür, auf der mein Name steht. Schließe sie auf. Gehe hinein. Mache die Tür hinter mir zu. Ein kleines Stück Metall. Ein Zuhause zum in die Tasche stecken. Jeder Mensch braucht das.

Doris Bewernitz

SWEET HOME

Vor der Haustür stehen
den Schlüssel drehen
eintreten in die Wärme
bewusst heimkehren zu mir
heißt in hektischen Tagen
mich immer wieder erden
und im Zelebrieren kleiner Gesten
Heimat spüren als Glück

Maria Sassin

WO MEIN BETT STEHT

Im Haus

Kissen
bunte Teppiche
Fransen
eine weiße Tischdecke
das geerbte Geschirr

Hüte dein Feuer
sagst du
Tradition lebt

Christel Anders

AN STILLEN ABENDEN

Nein,
den alten Holztisch
geb ich nicht her.

An stillen Abenden,
die nicht enden wollen,
decke ich ihn
mit Kerzenlicht und Erinnerung.

Ich streiche über die Kerben
und fahr mit dem Finger
an Rändern entlang,
die Rotweingläser hinterließen.

Manchmal lässt er sich erweichen.
Dann erzählt er die alten Geschichten neu,
und ich beweg mich in ihnen,
als geschähen sie heute.

Tina Willms

WOHL DIR

In meinem Elternhaus hing ein in Holz
geschnitzter Spruch:
„Himmel oben – Himmel unten
Sterne oben – Sterne unten
all, was oben, ist auch unten
wenn du's verstehst
wohl dir"

Jetzt hängt dieser Spruch bei uns im Haus.
Zeigt er nicht an, wo Heimat ist und was
Heimat bedeutet?
Ist Heimat nicht mehr als ein Ort, ein Land,
eine Sprache?
Hier unten sind wir Grenzgänger zwischen Himmel
und Erde, pflücken manchmal die Sterne vom
Himmel und erleben manch Sternstunde.
Und oben?
Noch verstehen wir nicht ganz den tiefen Zusammen-
hang, den Einklang zwischen Himmel und Erde und
dass unsere Heimat dort ist, woher wir kommen und
wohin wir gehen …

Eva-Maria Leiber

MEINE HEIMAT LIEGT IM BLAUEN

Meine Heimat liegt im Blauen,
fern und doch nicht allzu weit,
und ich hoffe, sie zu schauen
nach dem Traum der Endlichkeit
Wenn der Tag schon im Versinken
und sein letztes Rot erbleicht,
will es manchmal mir bedünken,
dass mein Blick sie schon erreicht.

Martin Greif

Heimat ist Geborgenheit und Frieden

WO DAS HERZ ZU HAUSE IST

HEIMAT

Dein Gesicht, es spiegelt sich in Regenpfützen
Ey sogar grau kannst du tragen
Wenn ich wieder mal nicht in deiner Nähe bin
Dann wartest du mit offenen Armen
In deinen Straßen kann ich mich so wunderbar verlieren
Und was immer ich gerade such'
Ich finde es hier

Oh Heimat, schön wie du mich anlachst
Du bist immer da, wenn ich keinen zum Reden hab'
Oh Heimat, wie du wieder aussiehst
Ich trag' dich immer, immer bei mir
Wie 'n Souvenir
Du und ich, nachts allein im Neonlicht
Manchmal tanze ich mit dir
Komm tu nicht so
Ich kenn' dich in- und auswendig
Du weißt viel zu viel von mir
Mal bist du laut, mal bist du leise
Mal müde, doch nie allein
Wenn du willst, kannst du mich wärmen
Oder eiskalt sein

Oh Heimat, schön wie du mich anlachst
Du bist immer da, wenn ich keinen zum Reden hab'
Oh Heimat, wie du wieder aussiehst
Ich trag' dich immer, immer bei mir
Wie 'n Souvenir

Songtext Johannes Oerding

DORFHEIMAT

der alte mann
der durch die felder spaziert
jeden tag seine runde

die alte frau
immer auf der gleichen bank
jeden tag mit dem krückstock

der handwerker
der sein tagwerk angeht
jeden morgen pfeifend

die verkäuferin
lächelnd bei der arbeit
jeden tag im supermarkt

die kinder
die fröhlich schwatzen
jeden tag auf dem schulweg

die kirchenglocken
die melodisch schlagen
jeden abend zum angelus

all das ist seelenheimat
all das ein weiches nest
jeden tag zu hause im dorf

Maria Sassin

DIMENSIONEN VON HEIMAT

ich kann
geborgenheit und heimat
finden
in mir
in einer liebevollen
vertrauten
fürsorglichen
beziehung zu mir selbst
bei menschen in meinem umfeld
mit denen ich in guter weise
leben teile
in einem großen horizont
der mir auch in schweren lebenslagen
orientierung und halt
bedeutet

Beate Schlumberger

WAS MIR HEIMAT IST

Vielleicht ist es nicht viel,
aber das Läuten der Postbotin,
das erste wache Veilchen am Zaun,
die schnelle Fahrt über das weite Land
mit dem Lieblingslied im Ohr,
die Brezel ohne Tüte, aber mit einem Lächeln,
das Knarren der vorletzten Stufe, sonst keiner,
und wie die Sterne im Advent
über die Fenster wandern,
und das Dorf sieht zu.

Wie würden mir diese
kleinen Wunderdinge fehlen,
müsste ich gehen.

Cornelia Elke Schray

MEINE HEIMAT IST DAS ABENTEUERLAND

Meine Heimat ist das Abenteuerland in all seinen Formen: die Kreativität, die Musik, die Auszeit vor den Zwängen, die einem täglich begegnen, die Reisen – die Wahrnehmung in ihrer besten Form, die immer und überall möglich ist. Diese innere Ruhe, diese innere Heimat stellt sich wohl dort am besten ein, wo du dich am wohlsten fühlst.

Hartmut Engler

WUNDERBARES JETZT

manchmal
fühle ich mich
wunderbar aufgehoben
in einem besonderen moment
in dem alles für mich stimmt
es mir rundherum gutgeht
ich mich zur richtigen zeit
am richtigen ort erlebe
und von grund auf überzeugt bin
das leben meint es gut mit mir

Beate Schlumberger

WO ALL DIES IST

Wo es mich immer wieder hintreibt
Wohin mich die Sehnsucht immer wieder zieht
Wo ich mich wohlfühle ohne Worte
Wo ich sein kann, wie ich bin
Von wo ich ein Bündel guter Erinnerungen mitnahm
Und ich ganz still sein darf
Dort
ist Heimat

Carola Vahldiek

EIN PLÄTZCHEN

Der Mensch braucht ein Plätzchen,
und wär's noch so klein,
von dem er sagen kann: Sieh her, das ist mein!
Hier leb ich,
hier lieb ich, hier ruhe ich aus,
hier ist meine Heimat,
hier bin ich zu Haus'!

Spruch aus dem Poesiealbum

Wo nämlich euer Schatz ist,
da wird auch euer Herz sein.

Lukas 12,34

Heimat ist
bei den Menschen,
die man liebt

FAMILIE UND FREUNDE

Dein Ort ist
wo Augen dich ansehen
Wo sich die Augen treffen
entstehst du

Hilde Domin

FREMDE HEIMAT

Als ich zwölf war, fuhren wir nach Prag. Wir besuchten Verwandte und liefen fortwährend über Brücken. Künstler standen dort und malten das Wasser, die Schiffe, die Menschen. Meine Mutter sah aufs Wasser, weinte und erzählte aus ihrer Kindheit. Dass sie Wasser aus dem Fluss getrunken hätten auf der Flucht, und die Toten am Ufer begraben. Ich verstand die Zusammenhänge nicht, verstand nicht, dass sie vom Krieg sprach. Verstand nicht, was es bedeutet, Flüchtling zu sein auf Lebenszeit. Ich lernte den wichtigsten tschechischen Satz: Ich bin satt. Trotzdem hatte ich oft Bauchschmerzen von den vielen Aprikosenknödeln, die wir bei fremden Leuten aßen, die immerfort alle mit uns verwandt waren. Der Knödelgeschmack vermischte sich fortwährend mit den Tränen und dem Lachen meiner Mutter, die ich noch nie so viele Menschen hatte umarmen sehen. Und ich ahnte, wie viel Heimat sein kann in einem fremden Land.

Doris Bewernitz

ANKUNFT

Ich bin zu Hause
wo meine Freunde sind

Wo ich
vertrauen kann
wachsen mir
Wurzeln

Anne Steinwart

Freundschaft,
das ist wie Heimat.

Kurt Tucholsky

Alle diese vortrefflichen Menschen,
zu denen Sie nun ein angenehmes Verhältnis haben,
das ist es, was ich eine Heimat nenne.

Johann Wolfgang von Goethe

GEMEINSCHAFT LEBEN

Daheim ist man,
wo man geborgen ist.
Das ist wie ein weiches Bett,
in das man sich fallen lassen kann.
Die Menschen lächeln sich zu
und wünschen sich einen schönen Tag.
Die Nachbarn sind froh,
dass sie einander haben.
Es ist ein fröhliches Miteinander
im Geben und Nehmen,
im Helfen und Teilen,
im Auf und Ab des Lebens.
Man ist Teil vom Ganzen,
bringt sich ein und tauscht sich aus.
Man fühlt sich geborgen in der Gemeinschaft.

Annedore Großkinsky

WAS ES IST

Heimat ist ein Garten
in dem Freundschaft blüht
in dem in der Nacht
ein Funken Hoffnung glüht.

Heimat ist ein Ort
wo man verstanden wird
es ist ein tröstlich Wort
wenn man sich einsam fühlt.

Heimat ist nicht ein Wo
Heimat ist ein Du
sie macht den Fremden froh
sie schenkt dem Rastlosen Ruh'.

Anna Tomczyk

HEIMATFREUND

Die Geschichte, die mein Opa aus seinem Leben von über 90 Jahren heute noch erzählt, ist eine wesentliche. Von allen Erlebnissen aus Jugend, Krieg, Arbeits- und Familienjahren, die ich seit meiner Kindheit kenne, ist diese ihm als einzige und letzte geblieben. Es ist die Geschichte einer Freundschaft.

Nach Kriegsende im Böhmerwald war er als deutscher Soldat auf dem Weg in die Gefangenschaft. Fremd in der Fremde begegnet er unverhofft seinem Schulkameraden Karl aus der Heimat, der am Wasserfass gerade Aufsicht schiebt. Sie erkennen einander am Reden. Sie setzen sich dafür ein, beieinander zu bleiben. Sie sorgen füreinander und teilen sich die Essensrationen. Sie halten zusammen bis zur Rückkehr.

Opa erzählt mir diese letzte Geschichte, die sein Bewusstsein hält, heute wieder.

Und ich will sie in dem Meinen halten – bewahren was wesentlich ist: In der Fremde Freunde finden, die Heimat sind, sich dafür einzusetzen beieinander zu bleiben, füreinander zu sorgen und Lebensrationen zu teilen. Zusammenzuhalten und füreinander Heimat sein.

Stefanie Engelhardt

TEE TRINKEN

Heimat ist für mich überall dort,
wo ein Mensch ist, zu dem ich kommen kann,
ohne gefragt zu werden, weshalb ich komme,
wo ich nicht begründen muss, weshalb ich da bin, der
mir einen Tee anbietet, weil er weiß, dass ich Tee
trinke, und wo ich bei dieser Tasse Tee schweigen darf.

Reiner Kunze

Heimat ist dort, wo man den Bauch
nicht einziehen muss.

Ottfried Fischer

AN DIE FREUNDE

Wieder einmal ausgeflogen,
Wieder einmal heimgekehrt;
Fand ich doch die alten Freunde
Und die Herzen unversehrt.
Wird uns wieder wohl vereinen
Frischer Ost und frischer West?
Auch die losesten der Vögel
Tragen allgemach zu Nest.

Immer schwerer wird das Päckchen,
Kaum noch trägt es sich allein;
Und in immer engre Fesseln
Schlinget uns die Heimat ein.

Und an seines Hauses Schwelle
Wird ein jeder festgebannt;
Aber Liebesfäden spinnen
Heimlich sich von Land zu Land.

Theodor Storm

Heimat ist kein fester Ort.
Heimat ist dort, wo die Liebe wohnt,
wo das Herz zu Hause ist.
Wer Heimat in seinem Herzen trägt,
findet im Leben überall seinen Platz.

Annedore Großkinsky

DAHINTER

Heimat
das ist eine Tür
in mein Zuhause
ich weiß
dahinter schlägt
ein liebendes Herz

Eva-Maria Leiber

Heimat ist der Ort der Kindheit

ES ROCH WIE DAMALS

Es war ein strahlend schöner Vormittag im Juni. Die Schule war früher zu Ende gewesen, und ich hatte mich, wie so oft, auf eine Bank im nahen Stadtpark gesetzt. Das Rauschen und Plätschern des Springbrunnens mit seinen Wasserfontänen, das Zwitschern der Vögel über mir im Baum, entfernte Straßengeräusche – ich ließ mich in die vertraute Geräuschkulisse fallen und versuchte, mich auf meine Hausaufgaben zu konzentrieren. „Darf ich mich einen Moment zu dir setzen?" Die Stimme gehörte zu einer zierlichen alten Frau, die mich freundlich anlächelte. Das kurzgeschnittene weiße Haar leuchtete in der Sonne. Ich nickte wortlos, rutschte ein wenig mehr auf meine Seite der Bank und senkte dann wieder den Blick auf das weiße Blatt vor mir. „Was ist denn das Thema deines Aufsatzes? Oh entschuldige, das geht mich natürlich gar nichts an!"

Mir lag eine schroffe Entgegnung auf der Zunge, aber als ich aufsah, brachte etwas in den blaublitzenden Augen mich dazu, diese hinunterzuschlucken. „Heimat", sagte ich stattdessen. „Wir sollen darüber schreiben, was Heimat für uns bedeutet."

„Heimat", wiederholte die alte Frau versonnen. Ich merkte, dass ich keine Ahnung hatte, was ich eigentlich schreiben sollte. „Ein gutes Thema, aber auch ein schwieriges, oder nicht?" Sie lächelte mich an.

„Hm", machte ich und grub meine Füße in den Kies unter der Bank.

„Das Haus, in dem man seine Kindheit verbracht hat, kann Heimat sein. Oft muss man aber erst von dort fortgegangen sein, um das zu merken. Bei mir war es so." Sie sah mich an. „Eigentlich habe ich es erst vor ein paar Tagen wirklich verstanden." Ich schob den Schreibblock von den Knien und wandte mich ihr zu. Das Lächeln in ihrem Gesicht vertiefte sich. „Meine Tochter hat mich in das Dorf gebracht, in dem ich aufgewachsen bin. Ich habe es kaum wiedererkannt. Dann stand ich plötzlich vor unserem Haus. Nach dem Tod der Eltern bin ich zuletzt dort gewesen. Nun, die Zeit war daran ebenso wenig vorüber gegangen, wie an mir. Es gehört jetzt einer sehr netten Familie, die sich sofort bereit erklärt hat, uns herumzuführen. Alles wirklich sehr schön renoviert. Aber natürlich alles anders, alles fremd. Ich verstand nicht, dass diese Räume tatsächlich einmal etwas mit mir zu tun gehabt hatten. Zum Glück ist mir dann noch etwas eingefallen!" Ihr Lächeln hatte nun etwas Schelmisches. „Ich fragte, ob ich auch den Dachboden sehen dürfte.

Es gab ihn noch, diesen Raum über der schmalen Holztreppe, und er war nahezu unverändert. Ich bat darum, dort einige Minuten alleine bleiben zu dürfen, und schloss die Augen. Es roch genau wie damals, nach Holz und Staub. Als ich die Augen wieder öffnete, war ich das kleine Mädchen, das sich so oft aus dem Familientrubel hier hinauf in die Stille geschlichen hatte. Und in die Leere, denn es gab hier nicht viel mehr als das Dach, wie ein Zelt aus Ziegeln über mir. Das Tageslicht tastete sich durch die Ritzen, und ich wusste, wenn ich nur lang genug wartete, würde daraus an irgendeiner Stelle ein Strahl werden, der bis zum Fußboden reichte. Ein Zauberstrahl, an dem ich mich nicht satt sehen konnte: das Tanzen des Staubes, sein Drehen und Wenden. Ein Goldschimmer, hin und her. Und dann auch schon wieder vorbei. Als Kind waren das für mich Engel, die tanzten." Sie sah mich an, und ihre Augen glänzten ein wenig feucht. „Und genau so war es, als ich nun nach so vielen Jahren wieder dort stand. Ich hatte für einen flüchtigen Augenblick wieder die Engel tanzen sehen und erkannte, dass mein ganzes Leben lang dieser Dachboden in mir gewesen war, mit Lichtstrahlen, die Staub in Engelsflügel wandeln konnten. Ich war zu Hause dort und werde es immer sein. Das ist für mich Heimat, die man mit sich trägt, wohin die Zeit einen dann auch immer stellen mag." Sie schwieg.

Allmählich nahm ich das Plätschern des Springbrunnens wieder wahr und all die anderen Geräusche um uns herum, in die sich nun die gleichmäßigen Schläge der Kirchturmuhr mischten. Die alte Frau hob den Kopf. „Es wird Zeit für mich!" Sie stand auf und lächelte mich an. „Ich danke dir!"

Als sie am Springbrunnen angekommen war, drehte sie sich noch einmal um und winkte mir zu. Ich winkte zurück. In diesem Augenblick brachte ein Lichtstrahl das herabfließende Wasser zum Glitzern. Er berührte fast zeitgleich das Haar der alten Frau, und ich verstand auf einmal, was sie mir hatte sagen wollen.

Isabella Schneider

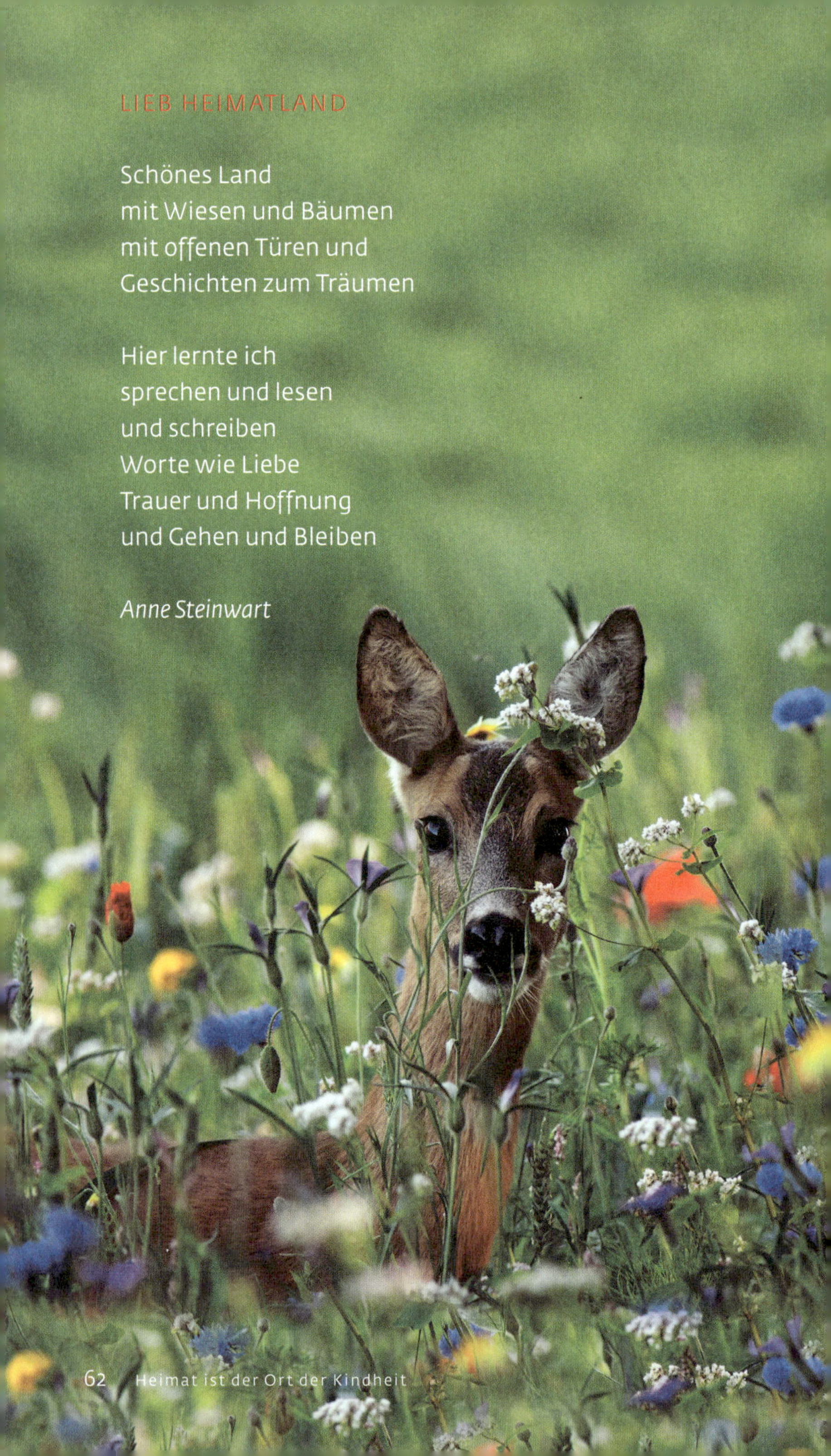

LIEB HEIMATLAND

Schönes Land
mit Wiesen und Bäumen
mit offenen Türen und
Geschichten zum Träumen

Hier lernte ich
sprechen und lesen
und schreiben
Worte wie Liebe
Trauer und Hoffnung
und Gehen und Bleiben

Anne Steinwart

Kürzlich feierte meine Patentante ihren 90. Geburtstag und lud die ganze Familie dazu ein. Es war ein schöner Herbstmorgen, und ich hatte noch Zeit bis zum Mittagessen. Ich parkte am Friedhof und legte gelbe Astern auf das Grab meiner Großeltern. Ich war ewig nicht mehr hier gewesen und beschloss, einen kleinen Rundgang durch das Dorf zu machen. Vom Friedhof nahm ich den abschüssigen Weg hinter der Kapelle, den wir als Kinder zum Rollschuhfahren benutzt hatten. Damals war er mir viel steiler erschienen. Man musste rechtzeitig bremsen, um nicht auf der Hauptstraße zu landen. Dieser Abhang stellte mich jedes Mal vor eine Mutprobe, die mir meistens aufgeschürfte Knie einbrachte. War die Hauptstraße schon immer so schmal gewesen? In ihrem Verlauf schmiegten sich windschiefe Häuser mit Giebeldach, die immer etwas Verwunschenes gehabt hatten. Heute fand ich sie schäbig, was vielleicht auch an der schmuddeligen Fassade lag. Ich bog links ab und lief die kleine Anhöhe zur Kirche hinauf. Wie eh und je erhob sie sich vor mir mit ihrem schiefergrauen Turm und der goldenen Uhr mit den römischen Ziffern. Viele Jahre hindurch hatte ich sonntags den Kindergottesdienst besucht. Von der Kirche war es nur ein Katzensprung zum Rathaus. Die Fassade aus gelbem Sandstein war frisch renoviert. *Bürgeramt* stand in roten Lettern über dem Eingang, und die massive Eichentür war einer automatischen Glastür gewichen. Wie oft war ich hier ein und aus gegangen, um mich in der Bücherei mit Lesestoff zu versorgen. Die Bücherei gehörte inzwischen offenbar der Vergangenheit an. Auch die Bäckerei gegenüber war geschlossen. Ich erinnerte mich, wie Mutter mich einmal frisches Weizenbrot kaufen geschickt hatte. Auf dem Heimweg fiel es mir schwer, der duftenden Versuchung zu widerstehen. Zuerst bohrte ich ein winziges Loch in die Rinde und naschte vom warmen Teig. Es schmeckte so gut, dass ich nicht aufhören konnte und mit einem ausgehöhlten Brot zu Hause ankam, was mir gehörig Ärger einbrachte.

Gegenüber von der Bäckerei lief ich durch die schmale Gasse mit den Garagen. Hier trafen sich früher die großen Jungs, die sich einen Spaß daraus machten, mir ein Bein zu stellen oder den Rock zu heben. Wollte ich den Umweg über die Hauptstraße vermeiden, blieb mir nichts anderes übrig, als wie ein geölter Blitz durch die Gasse zu rennen. Die Bushaltestelle an der Hauptstraße war noch in Betrieb. Früher fuhr der Bus zweimal täglich in die nächstgrößere Stadt. Gleich an der Haltestelle befand sich die Post. Im oberen Stockwerk des Gebäudes wohnte Silvia, meine beste Freundin. Direkt gegenüber war unsere Grundschule. Ich beneidete Silvia heiß um ihren kurzen Weg ins Klassenzimmer. Im Backhaus neben dem Schulhaus buken die Bäuerinnen Brot, Hefezöpfe und Kuchen. Meine Patentante war donnerstags an der Reihe, und während der Grundschulzeit bekam ich jede Woche einen duftenden Käsekuchen geschenkt. Diese Köstlichkeit stellte eine echte Herausforderung an meine Disziplin dar ebenso wie der EDEKA gleich an der Ecke. Montags vor der ersten Stunde setzte ich mein schmales Taschengeld in Brausetütchen oder Eiskonfekt um. Ab und zu steckte mir Großvater einen Extra-Groschen zu. Damit fütterte ich den roten Kaugummi-Automaten, der außen am Laden angebracht war. Hatte ich Glück, kam zum Kaugummi auch ein Ring mit Herz oder Kleeblatt heraus. Früher gab es zwei Metzgereien im Ort und bei jedem Einkauf gab es eine dicke Scheibe Wurst als Dreingabe. Gegenüber vom Friseursalon war es ein Fahrradgeschäft, wo mir Vater mein erstes Rad kaufte. Es gab einen weißbärtigen Arzt im Dorf, der mich zur Blindarmoperation ins Krankenhaus einwies und dem ich fortan mit Misstrauen begegnete. Einmal im Jahr durfte ich mir nach der Zahnarztbehandlung ein buntes Gummitier aussuchen. Ich kam am Garten vorbei, in dem es von Frühling bis Herbst blühte und duftete. Darin stand ein winziges Haus, in dem eine alte Frau wohnte. Sie stellte unsere Kontoauszüge zu, und wenn ich ihr den Weg abnahm, schenkte sie mir Schokolade oder eine Orange. Vor anderen Häusern dampften Misthaufen, und in den Ställen muhten Kühe. Traktoren fuhren durch den Ort und hinterließen breite Dreckspuren auf der Straße, einmal im Jahr gab es eine Kirmes, bei der ich stundenlang Karussell fahren und Zuckerwatte essen durfte. Vor allem aber waren überall Menschen, die ich kannte und die mich ausfragten, wie es in der Schule lief oder ob meine Mutter die Grippe gut überstanden hätte. Als ich Kind war, wusste hier jeder über den anderen Bescheid. Heute begegnete ich keinem einzigen Menschen. Wahrscheinlich hätte ich ohnehin niemanden erkannt.

Vor dem Haus meiner Patentante standen viele Autos. Ich betrat die gute Stube und einen Moment war mir, als sei das alte Dorf meiner Kindheit doch noch einmal zum Leben erwacht. Vertraute Gesichter und die Freude des Wiedersehens mischten sich mit Trauer um die Verstorbenen. Wir schlemmten an der reichgedeckten Tafel und folgten den Reden über das lange Leben der Jubilarin. Beim Kaffee und Kuchen fing meine Cousine mit dem ausgehöhlten Brot an. Diese Geschichte führte zu anderen Anekdoten aus unserer Kindheit, die ich längst vergessen hatte. Beim Abschied sagten wir, man müsse sich viel häufiger treffen. Wahrscheinlich wird wieder nichts daraus. Ich freue mich schon auf den 95. Geburtstag meiner Patentante. Zum Glück erfreut sie sich einer robusten Gesundheit.

Ilka Haederle

HERZHEIMAT

Wir sind
schon lange
heruntergestiegen
von unseren Kletterbäumen,
Kindheitsträumen,
haben die Hütten vergessen
im Wald,
die besten Verstecke.
Die Zukunft
ist nun nicht mehr
ganz so weit
hergeholt,
und die Jahre
haben dunklere Augen:
aber Blicke noch immer,
in denen das Herz lichter wird
und hüpft
vor und zurück –
heimwärts ein Stück

Isabella Schneider

DIE SONNIGE KINDERSTRASSE

Meine frühe Kindheit hat
Auf sonniger Straße getollt;
Hat nur ein Steinchen, ein Blatt
Zum Glücklichsein gewollt.

Jahre verschwelgten. Ich suche matt
Jene sonnige Straße heut,
Wieder zu lernen, wie man am Blatt,
Wie man am Steinchen sich freut.

Joachim Ringelnatz

Heimat ist dort,
wo man verstanden
wird

IN EINER SPRACHE
IST VIEL HEIMAT

UNVERLIERBAR

Für mich ist die Sprache das Unverlierbare,
nachdem alles andere sich als verlierbar erwiesen
hatte. Das letzte, unabnehmbare Zuhause.
Nur das Aufhören der Person (der Gehirntod)
kann sie mir wegnehmen.

Hilde Domin

Wenn ich in Rostock aus dem Zug steige, dann schließe ich, noch auf dem Bahnsteig stehend, für einen Moment die Augen und lausche. Und es dauert nicht lange, dann höre ich es. Ein Mecklenburgisches Gemurmel.

Innen kommt dann etwas in mir zur Ruhe. Hier komm ich her. Reden Leute so, bin ich zu Hause.

Diese Sprache. Diese Vokale, als hätte jemand draufgetreten, dieses halb nach hinten verschluckte und trotzdem noch gerollte R, wie ein Rollmops mit Zwiebelringen, frisch aus der Ostsee. Mecklenburg. Das sind für mich die Wiesen bis zum Horizont, die geschlängelten Flüsse und Flussarme der Warnow, die vielen Seen, aber vor allem: die Sprache.

Was heute dort gesprochen wird, ist ja nur noch ein schwacher Abklatsch der eigentlichen mecklenburgischen Sprache: Plattdeutsch. Oder besser gesagt: Plattdütsch.

Leider spreche ich selbst kein Plattdeutsch. Verstehe aber das meiste. Mein Vater sprach noch echtes Rostocker Platt, fühlte sich als Pädagoge aber verpflichtet, seinen Kindern hochdeutsch beizubringen und folglich zu Hause nie platt zu reden. Nur wenn ich mit meinem Vater unterwegs war und er einen alten Mecklenburger traf, dann passierte das Wunder. Staunend stand ich daneben und sah zu, wie mein Vater sich vor meinen Augen verwandelte. Dieser korrekte, ernste, meist etwas traurig wirkende Mann taute beim Sprechen auf. Sein Gesicht wurde weicher, seine Körperhaltung ging von korrekt in entspannt über, er bekam einen geradezu gelassen-männlichen

Ausdruck und eine Art schwebende Heiterkeit, die ich sonst niemals an ihm wahrnahm.

Die Gespräche verliefen fast immer gleich. Da stand ihm gegenüber ein alter Mann, manchmal auf einen Stock gestützt, und sagte: „Na Jürn, die häv ick ja och ne Tied nich sein!"

Worauf mein Vater erwiderte: „Ick häv ja och vääl tu daun."

„Un wie geit die dat? Dien Dirn is ja och banning groot worn, zum Düvel noch eins! Un wat de Lünners vertellt hat, vun Kunghavens …"

Zwischendurch wurde geschwiegen, in die Luft geschaut, an der Pfeife gezogen und ein bisschen so dagestanden. Die Pfeife roch nach warmen Backpflaumen.

Ich war selig, wenn mein Vater plattdeutsch sprach. Plötzlich hatte ich einen Vater, der eine fremde Sprache beherrschte, der lächeln konnte, der auf der Erde stand.

Irgendwann zog dann der alte Mann seinen Hut und ging weiter. Und mein Vater versteifte sich, sein Lächeln verschwand, mit jedem Schritt wurde er etwas blasser, und wenn wir um die nächste Ecke waren, hatte ich wieder den Vater neben mir, den ich von vorher kannte.

In den fünfziger Jahren gab es an den Schulen in Mecklenburg Programme zur Ausmerzung der plattdeutschen Sprache. Sie galt als rückschrittlich und primitiv. Damals sprachen alle Kinder auf den Dörfern platt. Die Lehrer hatten das zu unterbinden, selbst in den Pausen. Heute erschrecke ich, dass es nur knapp zehn Jahre gedauert hat, bis das Plattdeutsche aus den Kinderköpfen ausgemerzt war. Die meisten Erwachsenen haben sich daran gehalten und mit den Kindern auch zu Hause nicht mehr in ihrer heimatlichen Sprache gesprochen.

Allerdings nicht alle. Ich kann mich lebhaft an einen Ferienaufenthalt bei meiner Großtante erinnern. Da war ich in der zweiten Klasse, also acht Jahre alt. In dem kleinen Dorf müssen selbstbewusste Leute gewohnt haben. Hier sprachen alle plattdeutsch, von den Kindern bis zu den Erwachsenen, vom Schmied bis zur Bäckersfrau. Ich war in meinen Ferienaufenthalten völlig verloren, ich verstand kein Wort. So gesehen war das mein erster Auslandsaufenthalt.

Neulich habe ich ein Gedicht von Klaus Groht gelesen, einem mecklenburgischen Dichter. Ich brauchte eine Weile, ehe ich den Sinn erfassen konnte. Aber irgendwann verstand ich und saß da und heulte. Es gibt Dinge, die man nur auf Plattdeutsch sagen kann.

In einer Sprache ist viel Heimat. Ich habe weder meine Vater- noch meine Muttersprache sprechen gelernt. Mein Vater durfte seine nicht benutzen, meine Mutter kam als Flüchtling aus einem anderen Land. Beide Eltern haben mir eine für sie fremde Sprache beigebracht. Vielleicht war mir deshalb schon als Kind das Fremdsein ein so vertrautes Gefühl.

Doris Bewernitz

WO HEUTE?

Wo ist Heimat heute für mich?
Heimat ist dort
wo ich auf vertrauten Wegen gehe
wo ich verstanden werde
in meiner Sprache
wo ich verstehe

und darüber hinaus
finde ich Heimat in der Liebe
und die braucht
keinen bestimmten Ort

Eva-Maria Leiber

Von Amerika über Afrika bis Australien habe ich mein Liedgut zum Besten gegeben – es gibt kein Land, in dem ich nicht gesungen habe. Das macht mich stolz, aber ich war immer froh, wenn ich wieder zu Hause war. Ich fühle mich dort heimisch, wo ich die deutsche Sprache spreche, dort bin ich am glücklichsten.

Heino

Heimat schmeckt

IN EINEM BISSEN
LIEGT DIE GANZE SEHNSUCHT

ZEITENSPRUNG

Der Geschmack von Kochkäse
beamt mich zurück in meine Kindheit.

Jessica Schwarz

BROT MIT SCHWEINESCHMALZ

Wir … ließen uns, aus den Küchenfenstern, die Vesperbrote herunterwerfen. Es war wie im Märchen, wenn sie, in Papier gewickelt, durch die Luft trudelten und auf dem Hofpflaster aufklatschten. Es war als fiele Manna vom Himmel, obwohl es Brote mit Leberwurst und Schweineschmalz waren. Ach, wie sie schmeckten! Nie im Leben hab ich etwas Besseres gegessen, nicht im Baur au Lac in Zürich und nicht im Hotel Ritz in London.

Erich Kästner

Wir tauschten immer einen Gruß, der Mann im Wärterhäuschen beim Parkplatz und ich. Doch als ich ihm dieses Mal begegnete, sah ich, dass er etwas aß, und wünschte ihm einen guten Appetit.

„Was essen Sie da?", fragte ich und schaute ungläubig durch die Scheibe, denn was da lag, sah für mich aus wie ein Kohlkopf.

„Das ist ein Apfel", lachte er.

„Ein Apfel", bemerkte ich erstaunt, denn ich hatte noch nie im Leben einen so großen Apfel gesehen.

„Das ist ein Honigapfel aus meiner Heimat Kasachstan." Seine Augen leuchteten, als er mir ein großes Stück abschnitt. Und wie im Glücksrausch fing er an, von seiner Heimat zu erzählen.

Von den Hängen, wo die Honigbäume wachsen, dass die Äpfel viel Sonne bräuchten und dass es schwierig sei, sie hier anzubauen. Aber er habe es trotzdem geschafft, und in diesem Jahr hätte er welche geerntet.

Als ich den Apfel in den Mund schob, überraschte mich eine Süße, wie ich sie zuvor noch nie gekostet hatte. In dem Bissen lag die ganze Sehnsucht nach seiner Heimat, die Sonne, die Freude, die Süße des Lebens selbst und das Glück, es zu teilen.

Annedore Großkinsky

Meistens wusste ich nicht einmal, wie sie heißen. Sieglinde, Linda, Selma, Satina – völlig egal. Ich hasste sie. Da konnten andere noch so sehr von ihrer Form, ihrer Haut, ihren inneren Werten schwärmen. Ich bekam eine Gänsehaut, wenn ich mir vorstellte, ich müsste sie anfassen. Tat ich es dann doch, weil ich musste, trug ich Handschuhe und wusch mir alle halbe Stunde angeekelt die Hände. Selbst als sie am Ende im Keller lagen, hatte ich kein Mitleid. Sollten sie in diesem Loch ruhig verschrumpeln und Wurzeln schlagen, ich fasste sie nicht mehr an. Meine Mutter war da anders. Sie mochte sie alle. Sie holte aus Sieglinde und ihren Freundinnen alles heraus. Seitdem weiß ich: Nur eine gare Kartoffel ist eine gute Kartoffel.

Vergangenheitsschwärmer werden jetzt mahnend mit dem Zeigefinger fuchteln. Es war doch so schön: Der Zusammenhalt unter den Nachbarn beim Erdäpfel setzen und ernten, der Ratsch auf dem Acker, die Zufriedenheit nach vollendetem Tagwerk, die Freude, wenn sich die Kisten auf dem Anhänger mit riesigen Knollen füllten. Verklärung, nichts als Verklärung! In Wirklichkeit trippelte man, verfolgt von Mäusen, mit schreienden Bandscheiben und Dreck unter den Nägeln durch nimmer enden wollende Ackerfurchen. Vom händischen Massenmord an den Kartoffelkäfern will ich gar nicht erst reden. Nicht mit mir: Es lebe der Fortschritt, ein Hoch auf Vollernter, Insektizid und Tiefkühl-Pommes. Meine Hände gehören mir – und sie bleiben sauber. Alles klar?

Und dann passierte es. Keine Ahnung, was in mich gefahren war. Auf jeden Fall stehe ich eines schönen

Nachmittags barfuß in unserem zwei Quadratmeter großen Kartoffelbeet. Selbst unsere Hühner können den Anblick nicht fassen und recken aufmerksam die Hälse. Ob sie es erkennen? Ich stehe in diesem Augenblick wie der Landlord persönlich inmitten von zwei Quadratmetern erdiger Glückseligkeit. Mit Sonne im Gesicht, Schweiß auf der Haut und krummem Rücken. Es ist nichts mehr da von der alten Feindschaft. Ich weiß immer noch nicht, ob sie nun Sieglinde heißen oder Agria, Aula oder Sante. Aber ich kann sie anfassen, ganz ohne Groll und Grausen. Als nächstes würde ich die Erdäpfel im Granitbrunnen auswaschen. Und dann sofort ein paar von ihnen in hauchdünne Scheiben schneiden und in einem feinen Öl braten. Eine ganz einfache Sache. Ein Fest. Und im Winter nehm' ich mir den Pflug vor. Der Rost muss runter. Kein Beet, ein Acker muss es künftig sein.

Wolfgang Krinninger

Das hier bleibt deine alte Heimat, sagte meine Mutter, als ich auszog. Für mich wurde alte Heimat ein anderes Wort für Liebe. Es war der Ort, an dem Bettwäsche knisterte und Handtücher nach Weichspüler dufteten. Ihren Filterkaffee tranken meine Eltern aller Latte-Macchiato-Hypes zum Trotz weiterhin mit Dosenmilch. Öffnete Mutter mir die Haustür, wehte mich ihr herbes Parfüm an, und darunter mischten sich all die anderen Dufterinnerungen. War ich hungrig aus der Schule gekommen, erriet ich schon im Flur, was es zu Mittag geben würde. Montags kochte Mutter häufig Eintopf mit Bohnen oder Wirsing, dienstags Milchreis mit Zimt und Zucker oder Pfannkuchen, mittwochs Nürnberger Bratwürste mit Kartoffeln und Sauerkraut. Donnerstags aßen wir Reste oder Pellkartoffeln mit Quark, freitags kam gekochter Fisch mit weißer Sauce auf den Tisch und sonntags Gulasch oder Sauerbraten. Das kulinarische Highlight der Woche fand jedoch am Samstag statt, wenn Vater seine köstlichen Spaghetti zubereitete. Die Soße wurde mit Speck und Tomatenmark auf kleiner Flamme geköchelt. Vater sagte, er hätte das Rezept als Student von italienischen Arbeitern auf einer Baustelle gelernt. Die Geschichte von der Baustelle erzählte er mir jeden Samstag, während die Spaghetti im Salzwasser brodelten. Vater schwärmte davon, wie alle gemeinsam aus einem großen Topf gegessen hätten. Wie bei uns zu Hause, hätten die Arbeiter gesagt und sich gefreut, dass Vater sich zu ihnen gesellte. Auf diese Weise haben sie ein Stück ihrer Heimat zu uns gebracht, meinte Vater. Ich hätte auch gerne aus dem Topf gegessen, doch so viel fremde Heimat duldete Mutter nicht. Die Spaghetti mussten ordentlich im Teller liegen und auf dem Löffel um die Gabel gewickelt werden.

Vor ein paar Monaten zog meine Tochter zum Studium in eine andere Stadt. Bei ihrem ersten Besuch beschloss ich, Spaghetti à la Opa zu machen, wie das Gericht bei uns inzwischen heißt. Hier riecht es genauso wie früher, rief sie an der Haustür und umarmte mich stürmisch.

Hier ist ja auch deine alte Heimat, sagte ich und einen Moment lang hatte ich einen Kloß im Hals.

Ilka Haederle

EINE ART HEIMKOMMEN

Den windschief gewordenen Tag
an den Nagel
hängen,
die düsteren Gedanken
abstreifen
und in der offenen Küchentüre
einem Duft
in die Arme laufen,
der alle Sorgen
in Sekundenschnelle
zum Schmelzen bringt
und wieder ein Lächeln
dorthin zaubert,
wo es hingehört.

Isabella Schneider

Heimat ist Erinnerung

DER SCHATZ, DEN MAN IN SICH TRÄGT

Heimat: Das ist der Duft nach frischen Äpfeln aus Opas Garten, nach 4711 Echt Kölnisch Wasser auf dem Nachtschrank von Tante Gertrud. Heimat: Das ist Blaubeerkuchen. Und Wiesenschaumkraut. Weiße Wäsche, die auf der Leine im Wind flattert. Und Glocken, die samstags um zwölf das Wochenende einläuten, während Herr Pfeffer schnell noch die Treppe fegt. Heimat: Das ist ein Brötchen mit Leberwurst. Das allerbeste Mittel gegen Traurigkeit.

Doris Weber

Sie steht plötzlich vor ihm. Gregor hätte später nicht sagen können, wo sie herkam. Mitten in der Fußgängerzone, an einem Junitag, steht sie da mit ihren üppigen Hüften, ihrem verschwenderischen Busen, ihrer bronzefarbenen Haut, ihren vollen Lippen, und redet auf ihn ein. Sie hat einen starken serbokroatischen Akzent und verstümmelt die deutsche Grammatik frisch und selbstsicher. Die Wörter quellen aus ihrem Mund hervor wie ihr Bauch aus dem knappen, schwarzen T-Shirt. Gregor starrt die Frau an, fasziniert von ihren weichen Formen, ihrer warmen Stimme. Er nimmt den Kontrast wahr zwischen ihr und einer blasslila vor sich hin vegetierenden Hortensie in einem Betonkasten auf der Mitte des Boulevards. Er riecht den schweren Duft der Lindenbäume rechts und links. Zarte Lichtflecken fallen lindenblattgefiltert auf die nackten Arme der Frau und Gregor sieht staunend, dass dort eine neue Farbe entsteht: bronzegrün. Ihre Stimme kullert um ihn herum wie Luftbläschen aus einer Sprudelflasche, steigt glucksend empor und vermischt sich irgendwo über ihm mit dem blauen Himmel. Er hört die einzelnen Wörter nicht mehr heraus, er spürt einen Sog, etwas Uraltes in der tiefen, weiblichen Melodie ihrer Stimme. Ihre Augen sind warm und braun wie Schokoladenpudding, und Gregor möchte darin versinken.

Bilder aus seiner Kindheit tauchen auf. Seine Mutter beim Knödel formen, der scharfe Duft frisch geernteter Walnüsse und die dazugehörigen rotbraunen Finger, seine Oma in der blau-schwarz gestreiften Leinenschürze, auf dem Schoß die Holzkaffeemühle, das

Geräusch zerberstender Bohnen, Sonntagsgerüche. Freunde seines Vaters, Bauern, wie sie das Schwein aus dem Stall ziehen, die Rufe der Männer, ihre verschwitzten Gesichter. Er, fortgelaufen an den Tümpel, der alte Schäferhund, der ihn aufspürt. Der Duft von Apfelmost, frisch gewendeten Heu … all das ist da, steht vor ihm, aus einem Land, einer anderen Zeit wieder mitgebracht, zu ihm herüber, hierher, jetzt, in diese Glitzerstadt, in der er jetzt wohnt.

Gregor erschrickt. Er wusste nicht, dass all das noch so nah ist. Er zwingt sich, aufzutauchen, legt seine warmen Hände in den Nacken. Was ist mit ihm? Er versucht, sich zu konzentrieren.

„Macht nichts", sagt da die Frau, „kein Problem. Ich fragen jemand andere." Sie lächelt, und eine Reihe kräftiger weißer Zähne blinzeln ihn an.

„Was …" setzt Gregor an, aber er spricht nicht weiter, es ist ihm peinlich, er hat ja die ganze Zeit dagestanden. Es kommt ihm vor wie eine Ewigkeit! Er kann sie doch jetzt nicht fragen, was sie überhaupt gesagt hat. Sie schwenkt aus und setzt ihren Weg mit weichen Schritten fort, ruft „Tschüss!", berührt flüchtig seinen Arm und lacht.

Er bleibt allein zurück. Mit der Hortensie. Geht zwei Schritte mit schweren Beinen, setzt sich auf den Betonkasten. Immer noch scheint die Sonne. Menschen gehen hin und her. Ein älteres Paar hält sich an den Händen, zwei Halbwüchsige rattern auf ihren Skateboards an ihm vorbei und Gregor, seit dem vorigen Jahr in Rente, dieser Gregor, der immer dachte, dass alles mit ihm in Ordnung sei, weiß plötzlich, dass da ein Loch ist in seinem Leben, dass etwas fehlt.

Er hat keine Ahnung, was das ist. Nur eins weiß er: dass er es wieder einfügen muss, dieses Fehlende. Dass das notwendig ist. Unbedingt notwendig.

Doris Bewernitz

Bald nach dem Studium zog Alma in den Süden. Sie liebte das warme Licht, genoss die Nähe des Meeres und die Leichtigkeit, mit der die Menschen durch ihr Leben glitten. Alma erreichte mehr, als sie sich je erträumt hatte. Ein harmonisches Familienleben, einen interessanten Job, ein schönes Zuhause. Doch mit den Jahren sehnte sie sich nach der Melancholie eines verregneten Sonntagnachmittags. Auch vermisste sie den Wechsel der Jahreszeiten. Ihr Mann fragte, was mit ihr los sei. Keine Ahnung, sagte sie. Es war ihr peinlich, im Paradies unglücklich zu sein.

Kurz vor ihrem 50. Geburtstag erinnerte sich Alma an jenen Tag, an dem sie mit ihrem Vater zu den Großeltern gefahren war. Die ganze Strecke über goss es wie aus Kübeln, und die Scheibenwischer ihres alten VW-Käfer schlugen wie wild aus. Die Sicht war schlecht, und der Vater musste sehr langsam fahren. Als sie endlich bei den Großeltern ankamen, war schon später Nachmittag. Der Vater öffnete die Wagentür, klappte den Sitz vor, Alma stieg aus, holte tief Luft und entdeckte den Duft des Regens im Mai. Es war der wunderbarste Geruch, der ihr bis dahin in die Nase gestiegen war. Natürlich gab es den süßen Duft der Weihnachtskekse oder den des würzigen Fichtennadel-Schaumbads am Samstag. Doch dieser Regengeruch war intensiver als alles, was sie bis dahin gerochen hatte. Er hüllte diesen Tag vollkommen ein, und in diesem Moment wünschte sie, dieser feine und grasige Duft würde ihr für immer im Gedächtnis bleiben. Sie hatte hinauf in den Himmel geblickt, an dem immer noch feine Wasserfäden hingen. Die Feuchtigkeit hatte den Boden aufgeweicht und Regenwürmer hervorgelockt. Alma war in ihren roten Gummistiefeln durch die Pfützen getanzt und hatte die glänzenden Kiesel auf dem Schotterweg bestaunt. Das Wunder des Regens schien Teil eines großen Ganzen zu sein. Erde, Regenwurm, Kieselstein gehörten zusammen, und auch sie selbst fand sich in vollkommener Harmonie darin wieder. Am nächsten Tag war Alma mit ihrem Vater zurück in die Stadt gefahren, den Geruch des Regens im Erinnerungsgepäck.

Im Nachhinein schien es ihr einer der glücklichsten Augenblicke ihrer Kindheit. Mehr als 50 Jahre später holte sie diesen Tag nun wieder hervor. Alma schloss die Augen und stand wieder vor dem Haus der Großeltern. Sie spürte die feinen Regenfäden auf den Wangen und hatte diesen wunderbar grasigen Regengeruch in der Nase.

Ilka Haederle

DER ALTE HOF

Es sind Dinge hier passiert,
und nur wir wissen davon.
Da wurde nach altem Indianerbrauch
ein Feuer entfacht, als der Hund uns starb.
Da fanden wir das Katzenskelett
und begruben es in der Nacht.
Da saßen wir zusammen mit
Nachbarn und Freunden
unter dem Dach des Walnussbaums.
Dort setzten wir Steine vom Rhein,
verbunden mit guten Wünschen.
Da waren die Hunde noch quicklebendig,
die jetzt in der Erde ruhn.
Hier träumte ich viele Male
von dem alten Hof,
obwohl ich nicht mehr dort wohnte,
doch mein Geist sich nicht trennen konnte.

Ich schreibe es auf, um nicht zu vergessen,
denn den Zauber gibt es nicht mehr.

Gundela Leenen

Eine Tante brachte vor Jahren von einem Besuch in Berlin eine Dose „Berliner Luft" mit, die ja auch in einem gleichnamigen Lied besungen wird. Eine clevere Geschäftsidee, mehr nicht, die die Beschenkte, deren Vorfahren Urberliner waren und die in ihren ersten Lebensjahren dort gewohnt hatte, trotzdem anrührte. Denn Gerüche, oft schon dann, wenn wir sie uns nur vorstellen, lassen tiefe Blicke in die eigene Vergangenheit zu und gehören zu den frühesten Eindrücken, an die wir uns erinnern können. Diese Eindrücke besitzen die Kraft, Bilder hervorzuholen, Erlebnisse, die im besten Falle schön waren und dann als glücklich erinnert werden. Schon Säuglinge erkennen die Mutter an ihrem Geruch, lange bevor sie fähig sind, sie mit den Augen zu erkennen. Die Mutter, die Familie, das Haus, die Essensgewohnheiten und die Umgebung, in der wir groß geworden sind, die Sprache, all das trägt zu dem Gefühl bei, das wir als Heimat bezeichnen. Dort fühlen wir uns wohl, zugehörig und angenommen. Gleichzusetzen mit Geborgenheit und der Stillung elementarer Bedürfnisse wie Zuneigung und Fürsorge, ist Heimat eine zutiefst menschliche Sehnsucht, ein Welt umspannendes Wort, das zurück geht zur Wurzel unseres Seins und neben dem Woher gleichzeitig auch die Frage nach dem Wohin beinhaltet. Denn wir können nur unsere irdische Heimat erinnern, fühlen und beschreiben. Die Seelenlandschaft einer immer währenden himmlischen Heimat jedoch dürfen wir unbedingt erhoffen und ersehnen.

Angelika Wolff

NOCH IMMER

Heimat
das war die Geige
die Mutter einst spielte
war ihr vertrauter Duft
nach Rosen und Wind
war die Küchenbank
auf der wir zusammen saßen
war der Hof
wo wir Kinder bunte Murmeln
ins Loch rollen ließen
später kamen die Berge hinzu
mit ihren Orchideen –
die Heimat schmeckte blau
blau wie die Leberblümchen
im Buchenwald
blau wie der Himmel im Juni
und blau wie die Gartenbank
unter der Birke
Heimat
die Geige wird noch immer gespielt

Eva-Maria Leiber

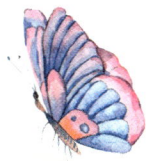

„Wo die Eiche und die Esche und der Efeubaum …

Die Kingsingers singen es im Radio. Hans hatte sich einen Plattenspieler gekauft. Auf einer Platte waren schottische Volkslieder. Heimat und viel Grün.

Damals, 1946, war es nicht grün zu Hause. Eine Notwohnung, der Hof asphaltiert, Mama hatte grüne Bohnen statt Blumen auf das kleine Beet neben der Haustür gesetzt. Michael schlief öfter bei uns. Er hatte Mamas Laute repariert, und am Abend spielte er auf der Treppenstufe. Links der Gaskessel, hinter dem Zaun das Lager vom Tiefbauamt, rechts die Feuerwache, und wir auf der Treppe vor dem Haus. Es war Sommer. Es war warm. Lass uns „Jenseits des Tales" singen.

Vor dem Krieg spielte Papa abends auf dem Klavier. Wir Kinder lagen nebenan im Bett. Spielt „Es liegt eine Krone im tiefen Rhein". Es waren diese Abende, nicht geplant, sie ereigneten sich.

Später mit den Kindern, ein Abend in den Ferien, zusammen mit anderen Familien. Wir wollten grillen. Es begann zu regnen. Ganz eng mussten wir zusammenrücken. Jemand begann zu singen. Es wurde still. Wir sangen bis in den späteren Abend. Satt vom Singen gingen wir ins Haus.

Heimweh nach Liedern, nach Stimmungen. Dieter Wellershoff sagte, als Schüler ihn fragten, warum er Köln so liebe, es sei doch gar nicht seine Heimat: „Wenn man einmal Heimat gehabt hat, kann man sie überall wiederfinden."

Heimat kann man mitnehmen wie einen Schatz. Man kann die Truhe der Erinnerung öffnen durch eine Melodie.

Ursula Kreutz

WURZELSTÄRKUNG

Wo Menschen entwurzelt worden sind,
ist die Erinnerung ein Stück Heimat,
das stärkt
und Kraft zum Neubeginn gibt.

Maria Sassin

Von Abschied und Aufbruch

WER EINMAL HEIMAT GEHABT HAT,
KANN SIE ÜBERALL WIEDERFINDEN

Wenn man einmal Heimat gehabt hat,
kann man sie überall wiederfinden.

Dieter Wellershoff

Ich muss immer weg. Meine Frau sagt, sie kann sich auf mich nicht einstellen. Wir trinken Tee, nachmittags um fünf, und da ist alles gut. Und dann sag ich: Du, ich hau gleich ab. Wie?, fragt sie. Ja, sag ich, ich fahr jetzt los. Wohin? Ich will mal sehen. Ich fahr jetzt erst mal Richtung Süden. Und wann kommst du wieder? Also, ich komm dann wieder, wenn ich das meine. Ich muss ja montags nicht wieder arbeiten. Ich bin ja Rentner. Ich hab keinen Plan und kein Ziel. Nur manchmal dieses klamme Gefühl, wenn ich mein Auto wieder packen muss, das fühlt sich dann an wie Trauer. Ja, ich bin traurig, dass ich meinen Platz nicht gefunden habe. Keine Heimat zu haben, das ist nicht einfach, wirklich nicht einfach. Manchmal denke ich: ein Auto ist meine Heimat. Ich fahre mit meiner Heimat ins Ausland, irgendwohin, wo es schön ist. Da lerne ich Leute kennen, und dann bin ich kurz wie zu Hause.

Dort, wo ich geboren wurde, war jedenfalls nicht meine Heimat. Ich war gerade drei, vier Jahre alt, da ist mein Vater versetzt worden, und dann war die nächste Stadt meine Heimat, da war ich dann Jugendlicher. Und dann ist mein Vater wieder versetzt worden, da kamen wir in eine neue Stadt, und da fing ich wieder von vorne an.

Wenn ich heute mit meinem Auto losfahre, bin ich erst mal glücklich. Ich fahr ganz langsam. Das ist Freiheit. Ich bin dann auch für mich. Ganz für mich. Das finde ich toll. Ich kann anhalten, ich kann mir einen Kaffee kochen, alles, was ich will.
Ja, Sehnsucht habe ich auch. Und dann wende ich mein Auto, und dann fahr ich zurück. Manchmal schüttelt

mich die Einsamkeit, aber es gibt immer jemanden, der bei mir ist, ein treuer Freund: Das ist der Mond. Ich fahre unheimlich gern nachts, und wenn ich den Mond sehe, spreche ich mit ihm.

Archie

HEIMAT IM TASCHENFORMAT

Weil da
noch immer
weiße Flecken
auf der Landkarte
meines Herzens sind
und Regionen,
in denen keiner meiner Gedanken
je zuvor war –
und immer nur
dieser eine Augenblick,
den es zu bewohnen gibt,
während das Morgen
schon auf gepackten Koffern
sitzt

Isabella Schneider

STRANDGUT

Bin ein Stück Treibgut
auf den Meeren des Lebens
erlebe Daseinsebben
wo nichts mehr fließt
mir das Wasser abgegraben ist
werde ich getrieben von so vielem
an-getrieben zum Tun
ab-getrieben von mitreißenden Fluten
lerne ganz langsam
mich treiben zu lassen
ganz zu sein wie das Wasser
im Rhythmus des Lebens
mich zu verströmen in alles, was ist
finde Heimat im Spiel der Wellen
in Sonne, Wind und Ufer
bin Orkan und Regen
und der Herzschlag der Möwe
ungenügenden Wurzelankern entrissen
angespült an neuen Gestaden
Strandgut meine Seele
gezeichnet und geformt
vom ewigen Lied der Wogen
wild und frei und wertvoll
mit Lebenswassern gewaschen.

Maria Sassin

ABSCHIED UND AUFBRUCH

alles soll sich ändern
wie es ist soll es bleiben
ich wohne in neuen plänen
trenne mich von meiner sucht
nach sicherheit
und halte alles fest
das altbekannte ist leicht
und hat gewicht
ich bürste mich gegen den strich
lasse alles stehen und liegen
mache platz für etwas neues
doch tausend bilder und geschichten
von gestern und vorgestern
nehme ich mit
aufgezeichnet in meinem herzen
für alle zeit
sie wiegen mich in sicherheit

Anne Steinwart

UMZUGSBLUES

Die Zahnbürste ist gerade noch auffindbar, aber bei den Socken fängt es schon an, von den Büchern gar nicht zu reden. Die Kartons stehen im Keller, im Flur, in der Küche, unter dem Tisch ... ach nein, einen Tisch hatte ich am Anfang noch gar nicht. Ja, am Anfang war der Karton. Ja, der Karton war der Anfang von allem Leben, zumindest vom Leben in der neuen Stadt. Aus dieser Urzelle, dessen geheimnisvolle Tiefen meist unergründlich waren (denn natürlich war beim Packen keine Zeit zum Beschriften), entwickelte sich in den folgenden Jahrtausenden, naja, sagen wir Monaten das Leben. Es wuchs, teilte sich, so schien es, denn die Kartons wurden nicht weniger, sondern mehr, denn ihre Inhalte quollen über, verteilten sich aus den Kartons, dehnten sich aus, bildeten kleine Zellhaufen, hier und da auf dem Boden verteilt, umverteilt und wieder in andere Kartons gepackt, auf die nächste Evolutionsstufe wartend, die hieß – Regal!

Egal, alles im Leben hat seine Zeit, ein Umzug braucht eben viel Zeit, die Evolution war schließlich auch nicht schneller. Die alles bestimmende Frage dieser Entwicklungsstufe lautet „Wo?" Wo ist mein roter Pulli, wo ist ein Löffel und wo mein Kalender? Wo kriege ich meine Brötchen und wo das Geld dafür? Heimat? Die Frage stellt sich erstmal gar nicht, ich brauche zuerst was zu essen. Heimat, das ist zunächst viel zu abstrakt, ich brauche eine Lampe.

Nun, Heimat wäre vielleicht, wenn ich wüsste, wen ich um Hilfe bitten kann, wenn der Wasserhahn tropft. Heimat tropft nur langsam ins neue Zuhause, eine Begegnung hier, ein Lächeln dort …

Vielleicht ist Heimat eine Topfpflanze, die man pflegen muss, und man braucht viel Geduld, denn sie wächst nur langsam, langsam, langsam …

Anna Tomczyk

VERPFLANZT

jede entscheidung
öffnet
ein neues stück weg
reißt uns
aus ausgetretenen pfaden
hin zum unbekannten
verpflanzt unser sein
in ein stück morgen
das unberührt noch vor uns liegt

erst vorsichtig tastend
dann wie magnetgezogen
schiebe ich meine wurzeln
in den neuen boden
zart sind sie, filigran
so empfindlich noch
und doch voller lebenskraft

starke wurzeln tragen mich
nähren mich
geben mir halt
damit ich tragen kann
nähren und halt geben

heimat liegt in meinen wurzeln
in mir selbst zu haus
findet meine seele
reichen nährgrund
überall

Maria Sassin

ZIEHENDE LANDSCHAFT

Man muß weggehen können
und doch sein wie ein Baum:
als bliebe die Wurzel im Boden,
als zöge die Landschaft und wir ständen fest.
Man muß den Atem anhalten,
bis der Wind nachläßt
und die fremde Luft um uns zu kreisen beginnt,
bis das Spiel von Licht und Schatten,
von Grün und Blau
die alten Muster zeigt
und wir zu Hause sind,
wo es auch sei,
und niedersitzen können und uns anlehnen,
als sei es an das Grab
unserer Mutter.

Hilde Domin

Nochmal tief Luftholen und die Unterschrift unter das Dokument setzen. Mir ist feierlich und mulmig zugleich zumute. „Wir kaufen ein Haus!", habe ich am Morgen noch übermütig den Kindern zugerufen. Und jetzt? So Gott will und wir leben, werden wir sehr viele Jahre in einem Dorf wohnen, das uns noch völlig fremd ist. Bald schon werden unsere Möbel, unser Hausrat, unsere Tiere dorthin gebracht. Dann geht es los. Einleben, einfühlen, sich den Nachbarn vorstellen, ins Gespräch kommen, lauter erste Male erleben. Das erste Essen in der neuen Küche, die erste Nacht, der erste Herbst, das erste Weihnachtsfest. Nach dem Notartermin fahre ich, ohne weiter nachzudenken, in mein neues Dorf. Das Wort Heimat passt noch nicht. Ich parke das Auto, laufe los und sperre Augen und Ohren weit auf. Hier ein wunderschöner Garten, dort die alte Dame am Zaun, die mir Zeit und Worte schenkt, ein paar Kühe muhen, die Sonne malt bunte Kringel auf den schmalen Weg zur Kirche. Hier werde ich leben und darf Wurzeln schlagen. Fremdes wird mir vertraut werden, weil es mir der Himmel anvertraut hat. Mein erster Dorfspaziergang macht mir Mut. Zu Hause fühlt Mensch sich angeblich da, wo er dreißig Menschen mag. Los geht's. Heimat ist ein warmes Gefühl aus Hoffnung.

Cornelia Elke Schray

EIN NEST NUR

Leben heißt weiterziehen,
dein Haus, ein Nest nur, gebaut
aus zerbrechlichen Halmen,
kein Dach, das den Regen fernhält,
keine Lampe gegen das Dunkel in dir.

Ein Nest nur, über dem doch
der Himmel offen steht
und du gelegentlich
einen Stern entdeckst,
der dich in ferne Fremde lockt.

Tina Willms

AUF DER REISE
Nach Li-tai-po

Vor meinem Lager liegt der helle
Mondschein auf der Diele;
mir war, als fiele
auf die Schwelle
das Frühlicht schon,
mein Auge zweifelt noch.

Und ich hebe mein Haupt und sehe,
sehe den hellen Mond
in seiner Höhe
glänzen. Und ich senke,
senke mein Haupt – und denke
an meine Heimat …

Richard Dehmel

VON OBEN

Flieger haben ein spezielles Verhältnis zur Heimat. Sie fliegen, um aus ihrer Enge zu entfliehen, sie wollen sehen, was wohl hinter den Bergen ist. Das schönste Stück Heimat ist für sie die Wiese, von der sie abheben, um die Heimat hinter sich, zumindest unter sich zu lassen. Und doch lieben sie sie.

Klaus Hofmeister

AM ABEND

Weißt du denn – wenn auf Baum und Strauch
Das Astwerk zittert und sich sträubt,
Und wenn der leicht gewellte Rauch
An einer Wetterwand zerstäubt –

Ein scheuer Vogel ohne Laut
An dir vorbei die Flügel schlägt,
Und Wolke sich an Wolke baut –
Wohin dein wilder Wunsch dich trägt?

Weißt du denn, wenn nun alle Welt
Sich eng an Hof und Heimstatt schmiegt,
Und deine Sehnsucht dich befällt, –
Wo deine eigne Heimat liegt?

Hedwig Lachmann

WAS DIE BÄUME LEHREN

Wer nicht Wurzeln hat,
wächst in keine Zukunft.
Wer eigenen Wurzeln aber nie entwächst,
entfaltet sich nicht zu Neuem,
zum Baum.

Kurt Marti

wenn das Herz vor Heimweh brennt

ERST DIE FREMDE LEHRT UNS,
WAS HEIMAT IST

Erst die Fremde lehrt uns,
was wir an der Heimat besitzen.

Theodor Fontane

Wir waren als Straßenmusiker auf der ganzen Welt in unserem eigenen Bus unterwegs. Meine Heimat war also immer die Kelly Family. Wir waren füreinander ein Zuhause, wir waren ein Anker, wir gaben uns Halt. Weil ich als Kind und Teenager nie ohne den Rest unterwegs war, kannte ich also auch nie Heimweh. Erst mit 29 Jahren lernte ich dieses Gefühl zum ersten Mal kennen. Damals war ich seit drei Jahren verheiratetet und hatte schon selbst zwei Kinder. Es fühlte sich an wie eine Mini-Depression, ich war traurig, allein und musste weinen. Ich wollte um alles auf der Welt einfach nur ganz schnell wieder nach Hause. So eine Emotion kannte ich zuvor nicht, denn mein Zuhause war bisher immer bei mir gewesen.

Maite Kelly

„Erst die Fremde lehrt uns, was wir an der Heimat besitzen", dichtete Theodor Fontane im 19. Jahrhundert. Wer wüsste das besser als ein Mensch, der in die Fremde ziehen muss. Dort riecht es anders. Dort schmeckt es anders. Dort sind die Leute anders. Selbst die Glocken läuten nicht im vertrauten Klang. Und alle typisch deutschen Eigenschaften, Macken und Marotten, die man zu Hause einfach nur hässlich, spießig, abstoßend fand, erfüllen jetzt, in der schmerzhaften Entfernung das Herz mit Wehmut und das Auge mit Tränen.[…]

Jenseits der Heimat liegt das Elend. Nicht umsonst stammt das Wort von dem althochdeutschen Wort „elilenti" und bedeutet ursprünglich „Fremde". In der Zeitschrift GEO berichtete Johanna Romberg im Oktober 2005 die erschütternde Geschichte von einem gewissen Herrn Sunnenberg. Sein Vorname ist nicht überliefert. Sunnenberg stammt aus Luzern und verließ seine Heimat, um sich in der Fremde als Söldner zu verdingen. Das war sein Untergang. Am 14. März 1569 meldete sein Kommandant an den Luzerner Rat: „Der Sunnenberg gestorben von heimwe." In diesem Brief, so berichtet Johanna Romberg, taucht zum ersten Man ein Wort auf, das bald darauf zum Inbegriff eines rätselhaften Leidens wird. Man nennt es die „Schweizer Krankheit", weil es vor allem an eidgenössischen Rekruten beobachtet wurde, die in Frankreich

und den Niederlanden Dienst taten. Dass es sich dabei um ein schweres Leiden handeln muss, daran bestand für die Mediziner kein Zweifel, wie sonst sollten sie sich erklären, dass die Betroffenen schon bei den ersten Takten heimatlicher Volksweisen vom Fieber geschüttelt wurden?

Mittlerweile weiß man: Heimweh ist eine globale, universale Krankheit. Noch heute schluchzen Italiener, die bereits in der dritten Generation in Deutschland leben, hemmungslos, wenn das Lied „La Mamma" erklingt.

Doris Weber

Wenn Leah Heimweh hat, dann backt sie Bagels. Denn die schmecken nach Zuhause. Nach Kindertagen. Nach Frühstück im Morgengrauen und Versteckspielen unter der Küchenbank. Mit Milchbart auf der Oberlippe und mit Stoppersocken an den kleinen Füßen.

Bagels, diese luftigen Hefeteiglinge mit Loch in der Mitte, haben in Leahs Familie Tradition. Das Rezept: Erbe ihrer polnischen Urgroßeltern. Die mit den jüdischen Wurzeln, die in die USA auswanderten, um dort nach dem Glück zu suchen.

Sie fanden es und blieben. Mehr als ein Jahrhundert ist das inzwischen her. Das Bagel-Rezept ist jedoch bis heute unverändert geblieben. Mehl, Salz, Hefe, Milch und Gerstenmalz sind die einzigen Zutaten, die Leah in einer großen Schüssel miteinander vermengt. Sie taucht ihre rechte Hand in den Teig, hält mit der anderen die Schüssel fest, knetet und formt, bis eine große warme Kugel vor ihr liegt.

„Das Geheimnis der Bagels ist Zeit, Mamele", hört Leah die Stimme ihrer Großmutter Sara. Schon als Leah noch ein kleines Mädchen war, liebevoll „Mamele" genannt, durfte sie mit ihrer jüdischen Oma Bagels formen, die dann für eine Nacht in den Kühlschrank kamen und erst am nächsten Tag weiterverarbeitet wurden. „Goodnight, little bagels", flüsterte die kleine Leah jedes Mal, bevor sie die Kühlschranktür wie eine Schlafzimmertür vorsichtig schloss.

Heute ist Leah groß und lebt in Berlin. Mehr als zehn Stunden Flug von ihrer Heimat Boston entfernt. Sie ist gerne in Deutschland, hat sich nicht nur in die Hauptstadt, sondern auch in den deutschen Buchhändler Ben verliebt, und doch: Manchmal ist das Heimweh plötzlich da. Es legt sich wie eine Schlinge um ihr Herz und zieht es zusammen. Dann, wenn es immer bloß regnet, der Busfahrer ihr Worte entgegenschleudert, die sie nicht versteht, und sich die warme Küche von Oma Sara so weit weg anfühlt, als lägen nicht nur Flugstunden, sondern Lichtjahre zwischen ihnen. Zum Glück gibt es Ben, der nicht nur Leah liebt, sondern auch ihre Bagels. Manchmal weiß er schon beim Aufschließen der Wohnungstür, dass Leahs ungebetener Gast, das Heimweh, am Küchentisch sitzt und wartet. Denn die Wohnung duftet nach Hefe und Gerstenmalz. Klares Anzeichen dafür, dass Leah gerade lieber an der Ostküste der USA wäre und nicht im Osten von Berlin. Aber sie lächelt, als er im Türrahmen erscheint, und überreicht ihm einen frischen Bagel, dick bestrichen mit Frischkäse und belegt mit dünnen Scheiben Lachs. „So schmeckt Zuhause. Genauso", erklärt Leah ihrem Liebsten, wie schon so oft. Mit ihrem niedlichen amerikanischen Akzent, von dem Ben hofft, dass er nie ganz verschwinden wird. Er küsst ihr etwas Frischkäse von der Oberlippe, lächelt und sagt: „Ich weiß. Und niemand bäckt so gute Bagels wie Oma Sara."

Manchmal, wenn das Heimweh besonders groß ist, wünscht Leah sich, das Leben hätte andere Pläne für sie gehabt und sie hätte sich nicht ausgerechnet in einen deutschen Buchhändler mit eigenem Laden verliebt, sondern vielleicht eher in einen Bagel-Bäcker aus Boston.

Aber dann denkt Leah an die Geschichten, die Oma Sara ihr oft beim Bagelbacken erzählt hat. Während sie zusahen, wie die Teigringe im strudelnden Wasser untertauchten und kurz gekocht wurden, bevor sie sie dann auf einem Blech in den heißen Ofen schoben, erzählte Oma Sara von ihren Eltern. Junge Leute, die ihre Heimat in Europa verließen und an der Ostküste der USA ein neues Leben begannen. Auch sie kannten Heimweh und Sehnsucht.

Und vielleicht ist es das, was den besonderen Geschmack der Bagels bis heute ausmacht. Sie schmecken nach Zuhause und nach Heimweh. Aber immer auch ein wenig nach Neuanfang. Und vielleicht ist das total okay so, denkt Leah.

Hanna Buiting

HEIMWEH

Über bemooste Steine
Fällt ein rauschender Quell,
Glitzert im Mondenscheine,
Funkelt so silberhell.

Sinnend saß ich daneben,
Sah, wie die Welle schäumt,
Hab vom vergangenen Leben,
Hab von der Zukunft geträumt.

In der Tiefe der Wogen
Sah ich gar mancherlei,
Viele Gestalten zogen
Grüßend an mir vorbei.

Waren die lieben Seelen,
Die mich dereinst erfreut,
Die meinem Herzen fehlen
Hier in der Einsamkeit.

Tausendmal lass dir danken,
Lieblicher Silberbach,
Dass du den Heimwehkranken
Tröstest im Ungemach;

Dass du aus alten Tagen
Freundliches mir erzählt,
Dass ich dir durfte klagen,
Was meinem Herzen fehlt.

Frank Wedekind

FÜR IMMER VERBUNDEN

Schied auch die Muschel
lange schon vom Meer,
das ihre Heimat war,
in ihrer Tiefe rauscht ein Ton
wie Meeresheimweh immerdar.

Georg Scherer

Edith saß am Fenster und blickte auf die schillernden Regentropfen, die vom Zugfenster abperlten. Sie biss sich auf die Lippen. Bloß nicht vor fremden Leuten weinen. Vor drei Tagen hatte sie ihren neunten Geburtstag gefeiert, und die Eltern hatten ihr ein besonderes Geschenk gemacht. Zum ersten Mal durfte sie alleine zu Tante Rosi nach Hamburg fahren. Sie sollte die ganzen Osterferien dort verbringen. Die Eltern hatten ten Edith auch einen kleinen roten Koffer geschenkt. Du bist jetzt unser großes Reise-Mädchen, sagte ihr Vater, als er sie in ihr Abteil gesetzt und den Koffer in der Gepäckablage verstaut hatte. Er umarmte sie zum Abschied, stellte die Tasche mit dem Proviant auf den Nebensitz und stieg aus. Edith sah ihren Vater noch eine Weile winkend neben dem Zug herlaufen, ehe er aus ihrem Blickfeld verschwunden war.

Jetzt horchte Edith auf das Rattern des Zuges in den Gleisen. Sie zog die Linien der Regentropfen auf der Scheibe mit dem Finger nach. Sie hatte einen dicken Kloß im Hals. Wochenlang hatte sie sich auf diese Reise gefreut. Doch nun war nichts mehr von der Vorfreude übrig. Am liebsten hätte sie alles rückgängig gemacht. Der Zug hielt und sie überlegte, ob sie aussteigen sollte. Sie könnte zu Hause anrufen und die Eltern bitten, sie abzuholen. Doch sie verwarf den Gedanken. Der Vater wäre enttäuscht von ihr, und Mutter würde behaupten, sie sei eben noch nicht alt genug, um alleine zu verreisen. Vielleicht stimmte das sogar, und sie war kein großes Reise-Mädchen. Sie war erst eine Stunde unterwegs und sehnte sich schon nach Zuhause. Wie sollte sie es nur zwei Wochen bei

Tante Rosi aushalten? Der Kloß in Ediths Hals wuchs und wuchs. Ein Pfiff ertönte, die Türen fielen zu und der Zug fuhr an. Eine Träne rollte über Ediths Wangen.

Heimweh?, fragte ein älterer Mann, der ihr gegenüber saß. Er holte eine Banane hervor und bot sie Edith an. Dabei glitt ein Lächeln über sein Gesicht. Essen hilft gegen Heimweh, sagte er. Bei mir jedenfalls. Edith schüttelte den Kopf. Nein danke. Außerdem habe ich kein Heimweh!

Der Mann nickte. Na dann, sagte er. Er aß seine Banane und wandte sich wieder seiner Zeitung zu. Edith warf einen Blick in ihre Tasche mit den Broten. Sie dachte an ihren Vater und wie er ihre Wegzehrung vorbereitet hatte. Unsere Tochter fährt nur zwei Stunden bis Hamburg, hatte die Mutter gelacht. Und bei Rosi gibt es sicher gleich Mittag. Doch ihr Vater hatte sich nicht aus der Ruhe bringen lassen und weiter Brote geschmiert. Falls dich unterwegs die Reisekrankheit überfällt, hatte er gesagt und ihr zugezwinkert.

Edith wickelte das erste Brot aus dem Papier. Eigentlich hatte sie keinen Appetit. Aber vielleicht hatte der Vater recht mit der Reisekrankheit. Probieren konnte sie es ja. Beherzt biss sie zu. Das Brot war dick mit Emmentaler belegt, ihrem Lieblingskäse. Es roch nach Zuhause und schmeckte vertraut. Als sie das Brot aufgegessen hatte, war der Kloß im Hals etwas kleiner.

Edith sah den Mann an. Und, besser?, fragte er. Edith nickte. Ich hatte nur die Reisekrankheit, sagte sie.

Dann ist's ja gut, lachte der Mann und vertiefte sich wieder in seine Zeitung. Edith holte ihre Malsachen hervor. Doch die Zeichnung wollte nicht so recht gelingen, und nach einer Weile kam die Reisekrankheit zurück. Edith aß ein Salamibrot mit Gurke. Danach wurde sie schläfrig. Der Regen hatte aufgehört, und der Zug glitt durch die flache Landschaft. Edith kuschelte sich in den Sitz und dachte an ihre Eltern. Diese Reisekrankheit schien hartnäckig zu sein, sie zwickte im Hals und krabbelte in die Augen. Edith öffnete die Büchse mit den selbstgebackenen Keksen und bot auch dem netten Mann etwas davon an. Die Kekse hatten Schokostreusel, die immer ein bisschen verbrannt schmeckten, aber der Mann sagte, das seien genau die richtigen Kekse gegen Reisekrankheit.

Ilka Haederle

HEIMWEH

Wenn jede Herzensfaser zu schmerzen scheint
und du hörst, wie deine Frau im Schlaf leise weint.
Wenn jeder Schritt, den du gehst,
auf unbekannte Wege führt
und jeder Blick in den Himmel dich zutiefst berührt.
Wenn jedes Warum stets unbeantwortet bleibt
und jedes Bild von zu Hause dir Tränen
in die Augen treibt.
Wenn jeder noch so kleine Windzug
dich ans Meer erinnert
und jeder Gedanke an die Heimat deine
Sehnsucht verschlimmert.
Wenn jedes Wort dieser Sprache für dich ein Rätsel ist
und du dein altes Leben so schmerzlich vermisst.
wenn jede Nachricht im Fernsehen von zu Hause berichtet
und du siehst auf den Bildern, dass dein Land sich lichtet.
Wenn jede Hoffnung auf Rückkehr langsam verschwindet
und du hoffst, dass dein Bruder dich irgendwann findet.
Wenn jeder Tag immer wieder mit Hunger beginnt
und du merkst, wie deine Lebenszeit allmählich verrinnt.
Wenn jedes Beten nur noch aus Bitten besteht
und dir allmählich der Respekt vor dir selbst vergeht.
Wenn jedes Lager überfüllt ist, wohin du auch gehst,
und du eines Tages ganz plötzlich verstehst:
Deine Heimat, sie gibt es nicht mehr.

Hanna Buiting

HEIMWEH

nach dem Paradies
das wir verloren haben

damals
in Kinderschuhen

Anne Steinwart

Vom Glück der Heimkehr

NUR WER WEGGEHT, KANN WIEDERKOMMEN

hafen

NACH HAUSE KOMMEN

Es war eine der Aufregungen des Lebens, wieder nach Hause zu kommen. In das Land der Geburt, wo die Menschen deutsch reden. Vielleicht, ja sicher war es noch aufregender als das Weggehen, damals. Dazwischen lag das Exil, das Nicht-Dazugehören, eine Erfahrung, die man erst stückweise vollzieht, man sieht sie nicht als Ganzes vor sich. Erst im Gehen merkt man, wie vertrackt der neue Zustand ist, wie „un-heimlich".

Hilde Domin

Renata drückt auf das Gaspedal. Noch eine knappe Stunde Fahrt, bis sie ihre Tochter in die Arme schließen kann. Renata riecht beinahe schon den Punsch mit Äpfeln und Zimt, den ihre Mutter sicher schon für sie in einem kupfernen Topf vorbereitet. In einer Stunde kann sie die Beine hochlegen, Punsch trinken und Dana dabei zusehen, wie sie die Tüte mit den Geschenken auspackt. Ihre Tochter ist im Herbst 16 geworden. Dana und Renata schreiben sich jeden Tag Whatsapp-Nachrichten. Dana postet Selfies, die Renata ihrer alten Dame zeigt. Renata schickt Dana häufig Fotos vom Garten. Dieser Garten ist mit das Schönste an ihrer Arbeit, ein kleines Kunstwerk der Natur. Von April bis November bringt Renata ihrer Patientin jeden Morgen frische Blumen zum Frühstück. Schon im März blühen Krokusse und Tulpen, und im Sommer stehen Rosen und Rhododendron in voller Pracht. Der alte Apfelbaum neben dem Schuppen ist Renatas Herzensfreund geworden. Jedes Frühjahr erfreut sie sich an den duftenden Blüten, die langsam zu rotbackigen Äpfeln werden. An seinen knorrigen Stamm gelehnt findet sie Ruhe und Kraft, wenn ihr die Arbeit wieder einmal über den Kopf wächst. Die alte Dame, die Renata betreut, ist bettlägerig, und Renata hat alle Hände voll zu tun. Die beiden Frauen mögen sich gerne und das ist gut, denn die meiste Zeit sind sie alleine im Haus. Der Mann der alten Dame ist vor vielen Jahren gestorben, und ihre Kinder kommen nur am Geburtstag und über Weihnachten zu Besuch. Sie bezahlen Renata ein gutes Gehalt, damit sie die alte Dame liebevoll pflegt. Mit dem Geld bezahlt Renata das Haus ab, in dem Dana und ihre Mutter wohnen. Ihr Mann ist vor acht Jahren bei einem Unfall ums Leben gekommen. Damals hatten sie gerade das Haus gekauft und Renata wusste nicht, wie sie ihre Familie durchbringen sollte. Eine Freundin vermittelte ihr den Job bei der alten Dame. Seit acht Jahren fährt Renata an Weihnachten und im Sommer die weite Strecke zwischen Süddeutschland und Polen hin und her. In den ersten Jahren weinte Dana am Telefon. Mama, wann kommst du nach Hause?, fragte sie jeden Tag. Renata hatte die Tränen hinuntergeschluckt. Bald, sagte sie und versuchte, ihre Stimme zuversichtlich klingen zu lassen. Damals versuchte Renata, eine Stelle in der Nähe zu finden. Altenpflegerinnen werden auch in Polen gesucht. Doch sie hätte viel weniger verdient. Außerdem war ihr die alte Dame ans Herz gewachsen. Mittlerweile empfand Renata eine tiefe Zuneigung zu der Frau mit dem hübschen Haus und dem zauberhaften Garten. Sie fühlt sich dort inzwischen beinahe wie zu Hause. Manchmal wacht Renata nachts auf und weiß nicht, wo sie ist. Die nächtliche Stille in Polen unterscheidet sich kaum von der in Deutschland. Die Erde hat dieselbe tiefbraune Farbe, und der Regen tropft nach einem Sommergewitter ebenso schwer von den Blättern. Im Sommer herrscht dieselbe Trockenheit, und hier wie dort muss man den Garten gießen. Die Jahre stapeln sich übereinander wie die leeren Apfelkisten im Keller. Jeden Herbst erntet Renata den Baum ab. Auch diesmal hat sie wieder eine Kiste Äpfel im Gepäck. Ihre Mutter liebt diese alte Apfelsorte. Solche Äpfel gab es früher auch bei uns, sagt sie und erwähnt den Namen, den Renata gleich wieder vergisst.

Renata drückt aufs Gaspedal. Auf der nächsten Anhöhe kommt ein Haus in Sicht. Im dämmrigen Abend-
licht könnte es auch das Haus der alten Dame sein und
einen Augenblick weiß Renata nicht, ob sie wirklich
losgefahren ist oder ob sie gerade träumt.

Ilka Haederle

VON ZU HAUSE IN DIE HEIMAT

Von zu Hause in die Heimat
dazwischen liegen 50 Kilometer bei mir
von hier, wo ich wohne
bis dort, wo ich geboren bin
das ist der Unterschied
zwischen dort und hier

Hier lebe ich im Heute
Dort ist die Erinnerung
an Kindheitstage,
so manche Fragen
(die Antworten gab das Leben bereits)
und erste Schritte
in die Zeit danach.

Von zu Hause in die Heimat
und wieder zurück
Mit dem wohligen Gefühl
geborgen zu sein
im Hier und jetzt
Dort so wie hier

Frank Greubel

DAS TRAUMHAUS

„Es riecht im Haus für mich noch immer nach Vanille",
sagte er.

Lange hatten sie nach ihrem Traumhaus gesucht.
Als ihm das Ferienhaus seiner Kindheit angeboten
wurde, kehrte er zurück. Dorthin, wo er mit allem vertraut war, eingebettet in der schönen Natur, wo Fuchs
und Has' sich gute Nacht sagen, wo Milch und Honig
fließen, in das Haus seiner Kinderträume mit vielen
schönen Erinnerungen.

Als kleiner Junge hatte er immer Milch vom Bauern nebenan geholt, und es gab jeden Abend zum Ab-
schluss Vanillepudding. In dem Geborgenheitsgefühl
seiner Kindheit ließ er sich nieder, umgeben mit dem
Duft der Erinnerung aus Kindertagen.
Ein Duft, der glücklich macht, Vanille!

Annedore Großkinsky

UNTERWEGS

Ich such einen Hafen
zum Überwintern.
Will mein Boot
anlegen ausruhen
von Sturm und hohen Wellen.
Will fest verankert
sein in meiner Mitte.

Anne Steinwart

HEIMAT

Ich bin hinauf, hinab gezogen
Und suchte Glück und sucht' es weit,
Es hat mein Suchen mich betrogen,
Und was ich fand, war Einsamkeit.
Ich hörte, wie das Leben lärmte,
Ich sah sein tausendfarbig Licht,
Es war kein Licht, das mich erwärmte,
Und echtes Leben war es nicht.
Und endlich bin ich heimgegangen
Zu alter Stell' und alter Lieb',
Und von mir ab fiel das Verlangen,
Das einst mich in die Ferne trieb.
Die Welt, die fremde, lohnt mit Kränkung,
Was sich, umwerbend, ihr gesellt;
Das Haus, die Heimat, die Beschränkung,
Die sind das Glück und sind die Welt.

Theodor Fontane

Das Heimkehren. Von allen Phasen des Reisens ist das die anstrengendste. Ich halte mich an einem Griff im Regionalzug fest, damit die Wucht dieser Wiederkehr mich nicht umreißt, der abrupte Wechsel von Raserei zu fast völligem Stillstand. Das Quietschen der Neckartalbahn. Der Schaffner mit dem wilhelminischen Spitzbart, dem die Hose um die dürren Trinkerbeine flattert. Eine halbe Stunde hinter Stuttgart, eine Müllsortieranlage, ein Parkhaus: Der rote Punkt an der Zugtür schaltet auf Grün. Ich trete auf den Bahnsteig, den ich vor Wochen verließ, um nach Syrien zu reisen oder in die Ukraine, an Orte, an denen sich das Leben so schnell dreht, wie es nur kann, und stehe jetzt wieder in der Stadt, die wie immer ist. In der ich mich so beengt fühle wie unter der Plastikkuppel einer Schneekugel. Und in der ich mich so behütet fühle wie ein Baby im Mutterleib.

So viele Dinge zwischen ihr und mir sind ungeklärt. Ich würde am liebsten abbrechen. Das wäre das Vernünftigste, der Redaktion absagen. Die Kollegin aus Berlin hatte mich gebeten, schreib doch mal nicht über Kandahar oder Timbuktu, sondern über die Stadt, in der du wohnst. Auf den ersten Blick simpel, aber jetzt merke ich: Dieser Versuch gerät zu einer Art Eigentherapie. Er entwindet sich meiner Kontrolle.

Der Name. Rau wie ein Gurkenhobel der Anfang. Der Rest wird meist zügig weggenuschelt, mit einem Geräusch, das an ein Stück Seife erinnert, das versehentlich in den Abfluss rutscht. R.E.U.T.L.I.N.G.E.N. Offiziell 110.000 Einwohner, von denen nach neun Uhr abends nur drei oder vier in der Innenstadt zu sehen sind. Lautes Lachen im öffentlichen Straßenraum war hier noch in der Weimarer Republik verboten. Die Stadt hat nichts Großartiges, hier kreuzt sich schwäbischer Pietismus mit Türkisch-kurdischem Arbeitsethos. Der Ausländeranteil liegt in der Altstadt, in der ich wohne, bei fast 60 Prozent. Reutlingen befindet sich geografisch im Bosch-Daimler-Gürtel, das ist ein Breitengrad vor der Vollbeschäftigung. Die Stadt duckt sich zwischen zwei Bergen, auf die die Reutlinger steigen, wenn sie ihrem Reutlingen entkommen wollen. Sie ist gegründet auf dicken Schotterdecken, dem Auswurf mehrerer Bäche aus dem Hochland hinter der Stadt. Wie ein Wall steigt dieses Gebirge hinter den Häusern auf, durch die Straßenfluchten strahlt es in die Stadt hinein, mal blau, mal rot, mal weiß. Wenn sie im Alltag dieses Leuchten trifft, halten die Menschen plötzlich inne, die Lehrerin im Klassenzimmer, der Gemüsemann am Stand. Sie öffnen staunend den Mund und sagen lächelnd: Die Alb!

Die Menschen bewegen sich hier wie in Zeitlupe kein Staub ist auf dem Straßenpflaster, kein Unrat, und wenn doch, heften sich die Blicke aller Passanten darauf. Die Operationssäle in Sierra Leone sind nur halb so sauber wie die Fußgängerzone in Reutlingen. Die winzige Baustelle in der Seitenstraße ist nach drei Wochen immer noch da und hat sich nur um wenige Meter verschoben. In China baut man in der gleichen Zeit halbe Wolkenkratzer. Die Frisur meiner Lieblingsbuchverkäuferin bei Osiander ist seit Jahren dieselbe. Der Pudel im Pudelsalon wedelt hinter der Glastür mit dem Schwanz, wie er es immer tut, dieselben Kinder auf dem Spielplatz spielen immer noch dieselben Spiele. Ein gespenstisches Gefühl und ein wundervolles. Ein scheinbar ewig anhaltender Schwebezustand. Krisen sind immer anderswo.

Trotzdem ist Reutlingen anstrengend, voller Brüche, da ähneln wir uns, die Stadt und ich. Sie ist nicht so glatt wie das benachbarte Tübingen. Ihr Gesicht ist pockennarbig, vom Krieg zerfurcht, der Rest von zu viel Geld und Dummheit zertrümmert. Weil man in Schwaben gerne aus der Not eine Tugend macht, hat man die Hässlichkeit gleich unter Denkmalschutz gestellt. Das Rathaus etwa, das so monströs ist, dass selbst die CDU es abreißen will. Reutlingen liegt an der Abbruchkante des schwäbischen Idylls, wo das Groteske offen zutage tritt.

Es gibt Momente, da versöhne ich mich mit dieser Stadt. Da öffne ich meine Dachfenster, unter denen ich schreibe, und es strömt der betörende Duft des Krauts eines Nachbarn zu mir herein. Es braucht nur wenige Atemzüge, und sofort ist Reutlingen ausnehmend gut zu ertragen. Ich sehe die junge Frau von gegenüber, die auf ihrem wandfüllenden Monitor jeden Abend ganze Panzerarmeen zerstört. Im Stockwerk darunter die dicke alte Frau, die nachts bei offenem Fenster laute Selbstgespräche führt. Ihr Kanarienvogel fliegt häufig weg, dann schreit sie nach den Nachbarskindern. Die fangen ihr den Vogel meist wieder ein. Zum Dank streut sie dann Gummibärchen auf die Straße. Und Reutlingen hat die beste Schwarzwälder Kirschtorte. Ich liebe die junge Konditorin des Café Sommer, die mehrmals hintereinander zur Weltmeisterin der Kuchenbäcker gewählt wurde. Noch weiß sie von nichts. Ich bin zu schüchtern, es ihr zu gestehen.

Der Himmel über Reutlingen ist in wolkenlosen Nächten mit Sternen besprenkelt, als seien es Sahnetupfen von ihr.

Je länger ich bleibe, in dieser Stadt, desto tiefer sinke ich ein. Reutlingen ist für mich wie ein Kissen, in das ich mich fallen lassen kann. Aber nur für eine gewisse Zeit. Dann, nach drei, vier Wochen, spüre ich die Kiele der Federn, die in diesem weichen Kissen verborgen sind, wie sie mir ins Fleisch stechen, sich tiefer, immer tiefer bohren, bis die Schmerzen zu groß werden, bis ich mich aufraffe, abermals aufbreche, ein weiteres Mal am Bahnhof stehe, wieder im Zug sitze, dem Schaffner mit dem wilhelminischen Spitzbart meine Fahrkarte zeige.

Das Erstaunliche passiert gleich hinter der Ortsgrenze. Ich beginne diese Stadt zu vermissen. Die Sache mit ihr und mir ist anstrengend. Aber so ist das wohl mit der Liebe.

Wolfgang Bauer über seine Stadt, von der aus er als Reporter in die Krisenregionen der Welt aufbricht.

Nur wer weggeht, kann wiederkommen.

Luis Trenker

Quellennachweis

S. 11: Doris Bewernitz, Woher kommst du (Originaltitel: Heimat), aus: dies., Der kleine Herr Lu Chi, © Verlag am Eschbach 2021.

S. 12-14: Doris Bewernitz, Zuhause, aus: dies., Spuren im Schnee © 2015 Verlag Herder GmbH, Freiburg i. Br.

S. 16: Doris Weber, Suche nach Geborgenheit, aus: Publik-Forum Verlagsges. mbH. Extra Heimat, September 2013, Best. Nr. 2986, S. 7.

S. 19: Britta Baas, Ankommen, aus: Publik-Forum Verlagsges. mbH. Extra Heimat, September 2013, Best. Nr. 2986.

S. 26: Fulbert Steffensky, In der ganzen Welt kann man nicht zu Hause sein, in: Ein kleines Haus in einer großen Welt – Heimat finden in unbehausten Zeiten, aus: Klaus Hofmeister/Lothar Bauerochse (Hg.), Wissen, wo man hingehört. Heimat als neues Lebensgefühl, Echter Verlag, Würzburg 2006, © beim Autor.

S. 26: Jenny Erpenbeck, Der Architekt, aus: dies., Heimsuchung, © 2010 btb Verlag in der Verlagsgruppe Penguin Random House GmbH, München, S. 38.

S. 27: Fulbert Steffensky, Kleine Kinder spielen gern auf Flächen, in: Ein kleines Haus in einer großen Welt – Heimat finden in unbehausten Zeiten, aus: Klaus Hofmeister/Lothar Bauerochse (Hg.), Wissen, wo man hingehört. Heimat als neues Lebensgefühl, Echter Verlag, Würzburg 2006, © beim Autor.

S. 27: Franz Wittkamp, „Meinland", © Franz Wittkamp, Lüdinghausen.

S. 37: Songtext Johannes Oerding aus dem Album „Alles brennt", © Johannes Oerding.

S. 40: Hartmut Engler, Meine Heimat ist das Abenteuerland, aus: Ilka Peemöller (Hg.), Heimat - Wo das Herz zu Hause ist. 35 Prominente erzählen ihre ganz persönliche Geschichte, © 2019 by Wilhelm Goldmann Verlag, München, in der Verlagsgruppe Penguin Random House GmbH, S. 245.

S. 46: Hilde Domin, Es gibt dich, aus: dies., Gesammelte Essays, © S. Fischer Verlag GmbH, Frankfurt am Main 1993, S. 196.

S. 52: Reiner Kunze, „Tee trinken", aus: Eine neue Sprache finden. Lesebuch für Religionslehrer, hg. von Johannes Thiele, Kösel Verlag, München 1985.

S. 70: Hilde Domin, Heimat, aus: dies., Gesammelte Essays, © S. Fischer Verlag GmbH, Frankfurt am Main 1993, S. 14.

S. 75: Heino, Heimat ist für mich dort, wo meine Hannelore ist, aus: Ilka Peemöller (Hg.), Heimat - Wo das Herz zu Hause ist. 35 Prominente erzählen ihre ganz persönliche Geschichte, © 2019 by Wilhelm Goldmann Verlag, München, in der Verlagsgruppe Penguin Random House GmbH, S. 60.

S. 78: Jessica Schwarz, Der Geschmack von Kochkäse beamt mich zurück in meine Kindheit, aus: Ilka Peemöller (Hg.), Heimat - Wo das Herz zu Hause ist. 35 Prominente erzählen ihre ganz persönliche Geschichte, © 2019 by Wilhelm Goldmann Verlag, München, in der Verlagsgruppe Penguin Random House GmbH, S. 94.

S. 79: Erich Kästner, Brot mit Schweineschmalz, aus: ders., Als ich ein kleiner Junge war © Atrium Verlag AG, Zürich 1957.

S. 82: Wolfgang Krinninger, Erdiges Glück, aus: ders., Zwischen Gras und Wolken, © Verlag am Eschbach 2020.

S. 88: Doris Weber, Heimat, aus: Publik-Forum Verlagsges. mbH. Extra Heimat, September 2013, Best. Nr. 2986, S. 6.

S. 104: Archie, Der Ruhelose, aus: Publik-Forum Verlagsges. mbH. Extra Heimat, September 2013, Best. Nr. 2986, S. 5

S. 109: Hilde Domin, Ziehende Landschaft, aus: dies., Gesammelte Gedichte, © 1987 S. Fischer Verlag GmbH, Frankfurt am Main, S. 13.

S. 112: Klaus Hofmeister, Von oben, aus: Publik-Forum Verlagsges. mbH. Extra Heimat, September 2013, Best. Nr. 2986, S. 33.

S. 113: Kurt Marti, Was die Bäume lehren, aus: ders., O Gott! Lachen Weinen Lieben, © 1995 by Radius Verlag Stuttgart.

S. 117: Maite Kelly, Ich wollte nur schnell wieder nach Hause, in: Meine Heimat ist Gott, aus: Ilka Peemöller (Hg.), Heimat - Wo das Herz zu Hause ist. 35 Prominente erzählen ihre ganz persönliche Geschichte, © 2019 by Wilhelm Goldmann Verlag, München, in der Verlagsgruppe Penguin Random House GmbH, S. 42.

S. 118: Doris Weber, Eine globale Krankheit, aus: Publik-Forum Verlagsges. mbH. Extra Heimat, September 2013, Best. Nr. 2986, S. 7.

S. 122: Hanna Buiting: Leah und die Bagels, aus: dies., Sternstunden - 24 Impulse im Advent © 2018 Coppenrath Verlag GmbH & Co. KG, Hafenweg 30, 48155 Münster, Germany.

S. 128: Hanna Buiting, © Hanna Buiting.

S. 132: Hilde Domin, Heimat, aus: dies., Gesammelte Essays, © 1993 S. Fischer Verlag GmbH, Frankfurt am Main, S. 14f.

S. 138: Wolfgang Bauer, „Kein schöner Ländle – Reutlingen: Grässlich und schön zugleich", aus: ZEIT Magazin 40/2014.

Bildnachweis:
Fotos: shutterstock / ON-Photography Germany (Umschlag), iStock / georgeclerk (S. 8/9), plainpicture / NaturePL / Ben Hall (S. 10), Ilka Osenberg-van Vugt (S. 15, 33, 36, 46/47, 67, 68/69, 88, 116), DEEPOL by plainpicture / Mark Johnson (S. 20/21), plainpicture / KuS (S. 34/35), mauritius images / Westend61 / Herbert van der Stok (S. 44/45), iStock / Matic Grmek (S. 56/57), plainpicture / Jasmin Sander (S. 58), plainpicture / Minden Pictures / Ronald Stiefelhagen / NiS (S. 62), iStock / eli_asenova (S. 76/77), shutterstock / Jiri Hera (S. 78), Fotolia / andersphoto (S. 85), iStock / JannHuizenga (S. 85), plainpicture / Rupert Warren (S. 86/87), iStock / _curly (S. 94/95), plainpicture / Lobster (S. 100/101), plainpicture / NaturePL / Ben Hall (S. 114/115), Linda Geisdorf (S. 130/131).
Grafiken und Hintergründe: iStock: Anagramm, arxichtu4ki, cat_arch_angel, Elena Liptschanski, helga_wigandt, Margo Kukhar, marimo, Pobytov, Punnarong, TatianaDavidova. shutterstock: Aphelleon, ArtMari, BelusUAB, Cat_arch_angel, Evgeniya_Homa, Flas100, Iya Balushkina, Magenta10, MyStocks, Nata Kuprova, Polina Katritch, Sayan Puangkham, TairA.

ISBN 978-3-86917-861-5
© 2021 Verlag am Eschbach
Verlagsgruppe Patmos in der Schwabenverlag AG, Ostfildern
Im Alten Rathaus/Hauptstraße 37
D-79427 Eschbach/Markgräflerland
Alle Rechte vorbehalten.

www.verlag-am-eschbach.de

Gestaltung und Satz: Angelika Kraut, Verlag am Eschbach
Kalligrafie: Ulli Wunsch, Wehr
Herstellung: Firmengruppe APPL, aprinta druck, Wemding
Hergestellt in Deutschland

Dieser Baum steht für umweltschonende Ressourcenverwendung, individuelle Handarbeit und sorgfältige Herstellung.

MIX
Papier aus verantwortungsvollen Quellen
FSC® C010798